相続コンサルタントのための
# はじめての家族信託

相続コンサルタント　弁護士
**一橋 香織・木野 綾子**

司法書士　　税理士　　　行政書士
**上木 拓郎・藤原 由親・細谷 洋貴**／共著

日本法令

# はしがき

　このたびは、数ある相続関係の書籍の中から本書をお手に取っていただき、ありがとうございます。

　信託法改正により家族信託が終活・相続の場面に欠かせないものとして広まり始めてから10有余年。

　その普及の勢いは目覚ましいものですが、一方で、「複雑そうな仕組みであり、今ひとつ自信を持って取り扱えない」「どのようなケースに用いるのが最適なのかわからない」「他の相続対策とどのように組み合わせたら良いのかを知りたい」という声も漏れ聞こえてきます。

　そこで、本書は、これから家族信託に取り組みたいと考えている各種士業・不動産業等を含む相続コンサルタントの皆様に向けて、図や事例を多用しながらわかりやすい解説を試みました。

　また、本書では、これまであまり専門書が出版されていない生命保険信託についても取り上げています。生命保険信託は、相続対策として最近よく利用されるようになってきた便利な仕組みであるにもかかわらず「知る人ぞ知る」という面があり、これを活用している相続コンサルタントはまだ少ないものと思われます。

　本書の特色は、類書に必ず書かれているような基本的な法的知識は確認程度にとどめ、家族信託や生命保険信託を使って実際にどのような相続対策ができるかという具体的な事例について、相続コンサルタント目線に立ち、そのプロセスを掘り下げて解説している点です。

　そして、相続対策は決して1人だけでできるものでなく、司令塔の相続コンサルタントを中心に複数の業種が連携して行うべきものですから、異なる業種間でのチームワークも大切です。本書ではそうしたチーム作りのヒントも解説していますし、そうしたチームワークを駆使して課題を解決できた事例を中心に紹介しました。

　共著者はいずれも相続業務の第一線で活躍する相続コンサルタント

ばかりで、司法書士の上木拓郎先生と行政書士の細谷洋貴先生は、家族信託に関する豊富な経験を活かし、本書では事例解説等を担当しました。

　税理士の藤原由親先生は、相続関係の税務に特化しており、本書では税務面の解説等を担当しています。

　一橋香織先生は、相続コンサルタントとして後進の育成にも力を入れており、チームワークについての解説等を担当しています。

　弁護士である私はコンプライアンスの項目のほか、保険業に携わる小笠原大介様の協力を得て生命保険信託について言及いたしました。

　どうぞご自身の気になる項目から、ページをめくってみてください。

　本書が少しでも皆様のお役に立ち、世の中に円満な相続が広がっていくことを願っています。


　　令和7年3月

　　　　　　　　　　　　　　　　　　　　　　　共著者代表

　　　　　　　　　　　　　　　　　　弁護士　**木野　綾子**

# 目　次

はしがき ……………………………………………………………… 1

## 第1章　家族信託・生命保険信託の基礎知識

### 1　家族信託の基礎知識 …………………………………………… 14

#### 1　家族信託が普及してきた背景 ……………………………… 14

#### 2　法定後見制度 ………………………………………………… 16

(1)　法定後見人は家庭裁判所が選任する／17

(2)　法定後見人への報酬の負担／18

(3)　相続対策や資産活用の制限／20

#### 3　家族信託とは ………………………………………………… 20

#### 4　法定後見制度と家族信託の比較 …………………………… 23

(1)　制度を利用する方法／23

(2)　財産を管理する人／24

(3)　利用開始後の監督／24

(4)　財産管理人への報酬／24

(5)　資産活用の可否／25

#### 5　任意後見制度と家族信託の比較 …………………………… 25

(1)　スタート時期／26

(2)　利用開始後の監督／27

(3)　財産管理人への報酬／27

(4)　資産活用の可否／27

(5)　身上監護／28

#### 6　遺言と家族信託の比較 ……………………………………… 28

(1)　自身の死後、遺産の承継先を指定できるか／29

(2)　自身の死後のみならず、配偶者の死後、つまり二次相続まで

3

指定できるか／29

　(3)　相続後の財産管理は誰がするのか／30

**COLUMN**　何度でも言います、知識は礼儀です！ ················· 31

# 2　生命保険信託の基礎知識 ································ 32

## 1　相続の場面における生命保険自体のメリット ········ 32
　(1)　はじめに／32
　(2)　死亡保険金の相続税非課税枠／32
　(3)　遺言・贈与の代わり／33
　(4)　遺留分・代償金の準備／33
　(5)　受取人が相続放棄をしても死亡保険金はもらえる／36
　(6)　換金がスムーズ／36
　(7)　まとめ／37

## 2　生命保険信託とは ································· 38
　(1)　はじめに／38
　(2)　生命保険信託の当事者と基本的なしくみ／38

## 3　生命保険信託でできること ························· 39
　(1)　死亡保険金の分割払いをカスタマイズ／40
　(2)　受益者連続型という選択肢／41
　(3)　急な出費に備えた保険金の支払い／42

## 4　生命保険信託の留意点 ····························· 43
　(1)　取り扱うことのできる保険会社が限られている／43
　(2)　期間や金額等の条件がある場合もある／43
　(3)　手数料の負担／43
　(4)　保険会社側から勧められるとは限らない／44
　(5)　受取人の希望も確認するべき／44
　(6)　生命保険信託だけでは不十分な場合も／44
　(7)　税制について要確認／45

# 第2章 どのようなケースに信託が必要か

## **1 家族信託が必要なケース** ⋯⋯⋯⋯⋯⋯ 48

- 1 金銭管理型信託 ⋯⋯⋯⋯⋯⋯⋯⋯⋯⋯⋯⋯ 48
- 2 不動産管理型信託 ⋯⋯⋯⋯⋯⋯⋯⋯⋯⋯⋯ 56
- 3 自社株承継型信託 ⋯⋯⋯⋯⋯⋯⋯⋯⋯⋯⋯ 61

**COLUMN** その対策は本当に正解ですか？ ⋯⋯⋯⋯⋯ 65

## **2 生命保険信託が必要なケース** ⋯⋯⋯⋯⋯ 66

- 1 浪費防止型 ⋯⋯⋯⋯⋯⋯⋯⋯⋯⋯⋯⋯⋯⋯ 66

**COLUMN** 年金型保険と生命保険信託の違いとは？ ⋯⋯ 70

- 2 管理不能型 ⋯⋯⋯⋯⋯⋯⋯⋯⋯⋯⋯⋯⋯⋯ 71
- 3 散財予備軍型 ⋯⋯⋯⋯⋯⋯⋯⋯⋯⋯⋯⋯⋯ 74
- 4 ライフプラン型 ⋯⋯⋯⋯⋯⋯⋯⋯⋯⋯⋯⋯ 77
- 5 受益者（受取人）連続型 ⋯⋯⋯⋯⋯⋯⋯⋯ 78

**COLUMN** 相続対策には生命保険の活用を！ ⋯⋯⋯⋯ 81

## 第3章　相続コンサルタントを中心とした　チームワークの大切さ

### 1 専門家との連携とそれぞれのメリット・デメリット ......... 84

- 1 弁 護 士 ......................................................... 84
- 2 司法書士 ......................................................... 85
- 3 行政書士 ......................................................... 86
- 4 税 理 士 ......................................................... 87
- 5 ファイナンシャルプランナー（FP・IFA） ............... 88
- 6 不動産業 ......................................................... 89

### 2 相続コンサルタントの役割 ............................ 91

- (1) 方針とチーム編成／93
- (2) 解決までの手順／94
- (3) 解決までのポイント／97
- (4) そ の 後／97

### 3 チームワークの大切さ ............................ 98

- (1) 専門知識の統合／98
- (2) 包括的なアプローチ／98
- (3) リスクの軽減／98
- (4) 効率的なコミュニケーション／98
- (5) 家族の感情面への配慮／99
- (6) 一貫したアフターフォロー／99
- (7) 教育と啓発の強化／99

**COLUMN** 背中を預けられる仲間はいますか？ ················· 100

# 第4章 家族信託による解決事例

## 1 金銭管理型信託の解決事例 ································· 102

> 1 状況の把握 ················································· 104
> 2 相続対策の検討 ·········································· 107
> 3 信託組成における検討事項 ······················ 107
> 4 検討事項の確認 ·········································· 111
> 5 信託の組成 ················································· 112
> 6 信託以外の相続対策 ··································· 115
> 7 信託の組成後 ············································· 117

## 2 自宅売却型信託の解決事例 ························· 119

> 1 状況の把握 ················································· 120
> 2 相続対策の検討 ·········································· 122
> 3 信託組成における検討事項 ······················ 123
> 4 検討事項の確認 ·········································· 126
> 5 信託の組成 ················································· 127
> 6 信託以外の相続対策 ··································· 129
> 7 信託の組成後 ············································· 130

## 3 自社株承継型信託の解決事例 ····················· 132

> 1 状況の把握 ················································· 133

7

| ② | 相続対策の検討 | 136 |
| ③ | 信託組成における検討事項 | 136 |
| ④ | 検討事項の確認 | 139 |
| ⑤ | 信託の組成 | 140 |
| ⑥ | 信託以外の相続対策 | 142 |
| ⑦ | 信託の組成後 | 143 |

## 4 生命保険信託の解決事例 … 145

| ① | 状況の把握 | 146 |
| ② | 相続対策の検討 | 149 |
| ③ | 生命保険信託組成における検討事項 | 149 |
| ④ | 検討事項の確認 | 152 |
| ⑤ | 信託の組成 | 153 |
| ⑥ | 信託以外の相続対策 | 154 |
| ⑦ | 信託の組成後 | 156 |

## 5 施設に入所する母がいる家族の解決事例 … 158

| ① | 状況の把握 | 159 |
| ② | 相続税額の試算 | 159 |
| ③ | 問 題 点 | 160 |
| ④ | 父と子の協議 | 160 |

## 6 有価証券を所有する家族の解決事例 … 162

| ① | 状況の把握 | 163 |
| ② | 初回の面談 | 163 |
| ③ | 再度の面談 | 163 |
| ④ | 任意後見か家族信託か | 163 |

| ⑤ | 株式を信託財産に | 164 |
| ⑥ | 株式を信託財産とする注意点 | 164 |
| ⑦ | 家族信託の組成 | 166 |

## 7 築古アパートを所有する家族の解決事例 … 167

| ① | 状況の把握 | 167 |
| ② | 家族信託の組成 | 169 |

## 8 家族信託終了後の事例 … 171

| ① | 状況の把握 | 171 |
| ② | 家族信託設定と設定後 | 172 |
| ③ | 父の死亡 | 173 |

---

## 第5章 家族信託の税務

---

## 1 家族信託の税務 … 176

| ① | 税制による信託設計の「カベ」 | 176 |
| ② | 家族信託における課税類型 | 177 |

(1) 信託税制の概要／177

(2) 各税目の概要／178

| ③ | 受益者等課税信託 | 180 |

(1) 受益者等課税信託の基本構造／180

(2) 信託効力発生時の課税関係／181

(3) 信託期間中の課税関係／183

(4) 信託終了時の課税関係／185

9

(5)　信託財産に属する債務と相続税の債務控除／186

　(6)　受益者の範囲／187

**4　法人課税信託** ────────────────────── 193

　(1)　法人課税信託の概要／193

　(2)　受益者が存しない信託／195

　(3)　受益証券を発行する信託／197

　(4)　法人が委託者となる信託で一定のもの／198

**5　受益権の評価** ──────────────────── 199

　(1)　通常の場合／199

　(2)　受益権複層化信託の場合／199

　(3)　受益者連続型信託の場合／200

**6　家族信託に関するその他の税金** ───────── 202

　(1)　固定資産税／202

　(2)　登録免許税／203

　(3)　不動産取得税／204


# 2　信託税制による「カベ」の具体例 ────── 207

**1　他益信託** ─────────────────────── 207

**2　裁量信託** ─────────────────────── 208

**3　みなし受益者** ──────────────────── 210

**4　受益者が複数の信託** ─────────────── 212

**5　受益者のいない信託（まだ生まれていない孫を受益者とする場合）** ────────────────── 213

**6　受益者のいない信託（ペットを受益者とする場合）** ─────────────────────────── 215

10

## 第6章 コンプライアンス

**1** **コンプライアンスとは何か** ················· 218

**COLUMN** あなたのコンプラ意識は大丈夫？ ············· 219

**2** **業者間が連携する上で守るべき
コンプライアンス** ············· 220

1 **士業の独占業務との関係（業際問題）** ············· 220
- (1) 弁 護 士／220
- (2) 税 理 士／221
- (3) 司法書士／222
- (4) 行政書士／223

2 **士業との提携に伴う紹介料の関係** ············· 224

**3** **家族信託の組成と連携すべき士業** ············· 226

1 **士業との連携の必要性** ············· 226
2 **信託契約書の作成** ············· 226
- (1) 文案の作成／227
- (2) 必要書類の収集／227
- (3) 金融機関との打合せ／228
- (4) 公証人との打合せ／228
- (5) 公正証書の作成／228

3 **信託の登記** ············· 228
4 **連携すべき士業** ············· 229
- (1) 信託契約書の作成／229

11

- (2) 信託契約書の税務チェック／230
- (3) 信託の登記／230

[5] 家族信託の組成における相続コンサルタントの役割 ……………………………………………… 230

# 4 顧客トラブル回避のために守るべきコンプライアンス …………………… 233

[1] 相続関連業務の受任者としての義務 …………… 233
- (1) 委任契約／233
- (2) 説明義務／234
- (3) 守秘義務／234

[2] 高齢者の判断力低下 …………………………… 235
- (1) 高齢者の判断力低下を利用した不当な契約／235
- (2) 典型的な例／235
- (3) 高齢の顧客との契約時に気を付けるべきこと／236
- (4) 主役は誰か／236

[3] 契約書の作成 …………………………………… 237
- (1) 契約書の重要性／237
- (2) 業務範囲の明確化／237
- (3) 報酬の取決め／237
- (4) その他の取決め／238
- (5) 業務途中で変更が生じた場合／238

[4] カスタマーハラスメントから身を守るには ………… 238
- (1) カスタマーハラスメントとは／238
- (2) カスタマーハラスメントの8類型／239
- (3) 原　　因／239
- (4) 対応方法／240

**COLUMN** 縁（エン）ディングノートの無限の力 …………… 241

第1章

# 家族信託・生命保険信託の基礎知識

# 家族信託の基礎知識

 **家族信託が普及してきた背景**

　筆者（上木拓郎）は、2012年から家族信託に関するセミナーを一般向け、事業者向けに行ってきました。当初は、こちら側から家族信託の導入を提案するのみでしたが、それから10年以上が経過した現在では、一般の人から家族信託の相談をしたいと要望を受けるケースが急増しています。

　家族信託の相談が増えている背景としては、日本が超高齢化社会に突入していることが挙げられるでしょう。内閣府の「令和6年版　高齢社会白書」によると、令和5年10月1日現在、日本の総人口は1億2,435万人、65歳以上の人口は3,623万人となり、総人口に占める割合（高齢化率）は29.1％となりました。平成22（2010）年の高齢化率は、23.0％でした。令和22（2040）年には、34.8％まで上昇します。

　超高齢化社会において、深刻な問題は、「認知症」です。高齢社会白書によると、令和4年における認知症の高齢者数は443.2万人（有病率12.3％）、MCI（軽度認知障害）の高齢者数は558.5万人（有病率15.5％）と推計されています。その上で、認知症及びMCIの有病率が令和7年以降も一定と仮定すると、令和22（2040）年には、それぞれ584.2万人、612.8万人に増加すると予測されています（図表1－1－1参照）。

　周知のとおり、認知症を発症すると、さまざまな行動が制限されます。

・定期預金の解約、銀行融資を受けること

■ 図表１−１−１　認知症及びMCIの高齢者数と有病率の将来推計

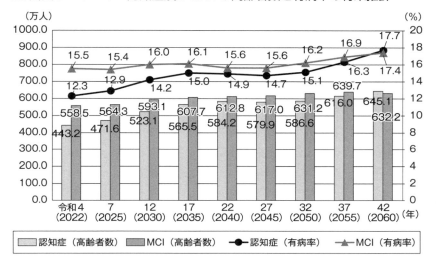

資料：「認知症及び軽度認知障害の有病率調査並びに将来推計に関する研究」（令和５年度老人保健事業推進費等補助金（老人保健健康増進等事業分）／九州大学大学院医学研究院二宮利治教授）より内閣府作成。（令和６年５月８日（水）に開催された認知症施策推進関係者会議（第２回）の配布資料より）
(注1) MCI：軽度認知障害
(注2) 2022年の4地域（久山町、中島町、中山町、海士町）から得られた認知症及びMCIの性年齢階級別有病率が2025年以降も一定と仮定して推計した。
(注3) 2025年以降の性年齢５歳階級別人口分布の出典：国立社会保障・人口問題研究所、日本の将来推計人口：性年齢５歳階級別人口分布・出生中位（死亡中位）推計

（出典）　内閣府「令和６年版　高齢社会白書」

・不動産の売買、賃貸
・遺言の作成
・遺産分割協議、相続放棄

　「本人が自身の意思を伝える必要があること」ができなくなります。認知症高齢者の子が、本人に代わって不動産の売買を代理で行うこともできません。認知症になると、その人の財産が凍結状態になります。

　ちなみに、三井住友信託銀行「調査月報」（2022年5月号）によると、認知症高齢者が保有する資産額は、金融資産175兆円、不動産が

■ 図表１−１−２

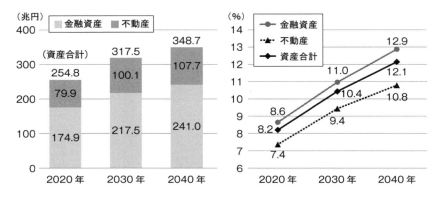

〈認知症高齢者の保有資産残高（推計値）〉　〈認知症高齢者保有資産の家計資産総額に占める比率（推計値）〉

（資料）国立社会保障・人口問題研究所「日本の将来推計人口（平成29年推計）」、総務省「全国家計構造調査」、日本銀行「資金循環統計」、「厚生労働科学研究費補助金認知症対策総合研究事業報告書」他

（出典）三井住友信託銀行「調査月報」（2022年5月号）

80兆円と推計されています。これは日本の家計が保有する資産総額の8％強に当たり、2040年には349兆円（家計資産総額の12％）まで増加する見込みです（図表１−１−２参照）。

## 2　法定後見制度

　高齢者が認知症を発症し、その人の財産が凍結状態になった場合、家族が採り得る手段は法定後見制度の利用です。配偶者、四親等内の親族等が家庭裁判所に対して、法定後見人の選任申立てを行い、家庭裁判所が法定後見人を選任します。

　選任された法定後見人は、本人に代わって財産の管理や処分、施設入所や介護サービスの契約を結ぶことができます。一見、この制度を利用すれば、資産の凍結状態を解除することができるため、認知症発

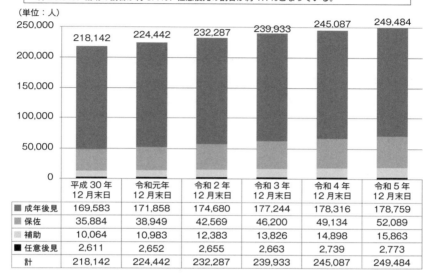

資料：最高裁判所「成年後見関係事件の概況－令和5年1月～12月－」より作成

（出典）厚生労働省「成年後見制度の利用の促進に関する施策の実施の状況」（令和6年4月）

症に関する事前対策は不要にも思えます。しかし、図表1－1－3をみると、確かに法定後見制度の利用者数は徐々に増加しているものの、令和5年12月末時点の利用者数（任意後見を除く）は24万6,711人であり、一方で前述の高齢社会白書では認知症の高齢者数が推計443.2万人であるから、制度利用率は5.4％にとどまっています。なぜ、法定後見制度の利用が伸び悩んでいるのでしょうか。その要因をみていきましょう。

### (1) 法定後見人は家庭裁判所が選任する

　親族が家庭裁判所に対して、法定後見人の選任申立てをする際、法

定後見人候補者も併せて申立書に付記することができます。しかし、家庭裁判所が鑑定や調査をした上で、本人にとって最も適任な人を法定後見人として選任する権限があります。成年後見制度の創設当初、法定後見人の選任数全体に占める親族の割合は約90％でしたが、令和5（2023）年には18.1％にまで大幅に減少しています。その背景には、親族後見人による不正が多く、また、遺産分割協議や不動産売却など法律知識を要する行為が選任後に行われることが多いことから、家庭裁判所が親族後見人の選任に消極的になっているとみられます（図表1－1－4参照）。

　近年、後見人として選任数が特に増加しているのは、司法書士、弁護士、社会福祉士です。3業種が、親族後見人以外の第三者後見人に占める割合は81.1％です。選任された後見人は、本人や親族とまったく面識がないケースが一般的です。そのため、親族から、親の法定後見人を務める専門家を変更（解任）できないかという相談をよく受けます。しかしながら、法定後見人が横領、本人に対して後見業務を行わないなどの理由がなければ、家庭裁判所はその法定後見人の解任を認めません。つまり、単に後見人が気に入らないというだけでは認められません。

## (2)　法定後見人への報酬の負担

　法定後見人の報酬は、法定後見人自身が家庭裁判所に対して報酬付与の申立てをする必要があります。親族後見人であれば報酬がかからないのではなく、その申立てをしないからこそ無報酬になるということです。

　また、法定後見人の具体的な報酬額も、家庭裁判所が決めます。報酬額の目安は月額2万円です。ただし、管理する財産額によって、その目安の金額より高額になります。1,000万円～5,000万円の財産額で月3～4万円、5,000万円を超えると月5～6万円に決定する家庭裁判所もあります。

　この報酬額は、本人の判断能力が回復・改善し、後見開始の審判の

■ 図表1−1−4 成年後見人等と本人との関係別件数（令和5年）

○ 成年後見人等と本人の関係については、親族（配偶者、親、子、兄弟姉妹及びその他親族）が成年後見人等に選任されたものが7,381件（全体の約18.1％）、親族以外の第三者が選任されたものが33,348件（全体の約81.9％）となっている。

（親族、親族以外の別）

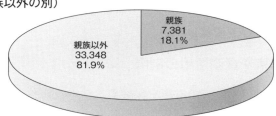

（親族の内訳）

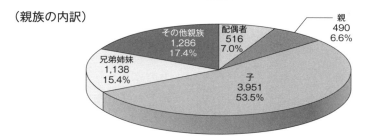

（親族以外の内訳）

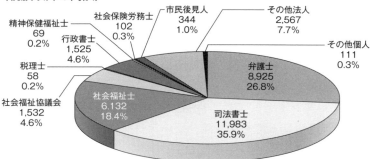

(注1) 後見開始、保佐開始及び補助開始事件のうち認容で終局した事件を対象としている。
(注2)「その他親族」とは、配偶者、親、子及び兄弟姉妹を除く親族をいう。

資料：最高裁判所「成年後見関係事件の概況−令和5年1月〜12月−」より作成

（出典）厚生労働省「成年後見制度利用促進体制整備研修」（令和6年4月）

1／家族信託の基礎知識　19

取消しが家庭裁判所によって認められない限りは、本人が亡くなるまで継続してかかります。家族の中には、後見制度を利用し、認知症の親が所有する不動産を売却した後、自分たちで親の預金を管理するため、成年後見制度の利用をやめたいという声もよく聞きますが、不動産売却時や定期預金の解約時など一時的な利用は認められない点もネックになっているでしょう。

## (3) 相続対策や資産活用の制限

　成年後見制度は、本人の財産を保護するための制度です。将来、相続人になる人たちの利益を図るための制度ではありません。例えば、金銭贈与は相続税対策の一環として行う家族が多いかもしれませんが、金銭贈与は本人の預金を減らす行為ですから、成年後見制度の利用以降はできません。また、土地を有効活用するため、家族が本人を債務者として銀行から融資を受け、アパートの建築をしたいという場合でも、銀行融資の返済ができないリスクがゼロではない以上、認められません。法定後見制度の設定以降は、本人にとって必要かどうか、その行為が本人にとってリスクがないのかどうかを判断基準にし、法定後見人が財産管理をしていくため、家族が思い描く相続対策や資産の活用はできなくなります。

　以上の要因により、法定後見制度はなかなか普及しないと考えられます。そのため、認知症発症後の資産凍結を回避する対策を事前に考える世帯が増加しています。

　相続コンサルタントとしては、今後、相続の相談を受けるに当たり、認知症の問題は切っても切り離せないテーマになるため、家族信託の相談がますます増えていくでしょう。

## 3 家族信託とは

　「信託」とは、文字どおり、自分の財産を信じて託すということです。

20　第1章／家族信託・生命保険信託の基礎知識

「託す」人を「委託者」といい、通常、親が委託者になります。また、「託される」人を「受託者」といい、子が受託者になります。
さらに、「託された」財産を「信託財産」といいます。
受託者は、信託財産を誰かのために管理し、必要に応じて処分します。「誰か」のことを「受益者」といい、通常は財産を託す委託者が受益者になります。

■ 図表１－１－５

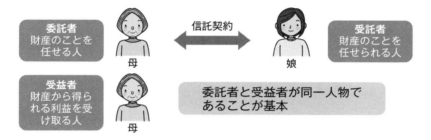

母（委託者）が、認知症発症前に母自身（受益者）のために娘（受託者）に不動産（信託財産）の管理などを託す制度が家族信託です。託す方法は、母と娘との契約です。
ここで、「託す」とは具体的にどういうことなのでしょうか。

### 田中家のケース

アパートを所有している田中英太郎さん（82歳）が、息子の一郎さん（55歳）にアパートを信託した場合で説明します。
英太郎さんは、アパートの所有権を有しています。英太郎さんがアパートの所有権を持っているからこそ、借主から家賃を受け取れ、アパートのリフォーム工事の契約や売却も自由にすることができます。
英太郎さんが一郎さんにアパートを信託すると、家賃を受け取る権利は英太郎さんに残しつつ、アパートの工事契約や売買契約をする権

利が一郎さんに移ります。つまり、家族信託をすることで、権利が2手に分かれて、アパートの管理や処分する権限が一郎さん（受託者）の手に渡ります。一方、家賃や売却金を受け取る権利は英太郎さん（受益者）が持ち続けます。家賃などを受け取る権利を、受益権といいます。

■ 図表1－1－6

家族信託の契約が結ばれた後、アパートのリフォーム工事が必要になった際、英太郎さんが認知症を発症していたとしても、すでに工事契約をする権限は一郎さんに移っているため、一郎さんが工事業者と契約を締結すれば、リフォーム工事が可能です。

アパートの管理や処分のために家族信託の契約を結んだ後、英太郎さんと一郎さんは不動産登記手続きをする必要があります。なぜなら、リフォーム工事の業者や不動産の買い手は、このアパートに関する契約の相手が英太郎さんと一郎さんのどちらとしてよいか判断がつかないからです。不動産の登記は、取引の安全を守るための制度であるため、受託者である一郎さんへアパートの管理や処分をする権限が移転している以上、不動産の名義も一郎さんへ変更する必要があります。名義を変更すると、贈与税がどれくらいかかるのか、一般の人から質問を受けることがありますが、受益者が英太郎さんであるため、贈与税はかかりません。先に説明した家賃や売却金を受け取る権利（受益権）が、英太郎さん以外の人へ移転した際に課税が発生します。

# 4 法定後見制度と家族信託の比較

ここで法定後見制度と家族信託との違いについて、解説します。

■図表1-1-7　法定後見制度と家族信託の違い

| 項　目 | 法定後見制度 | 家族信託 |
|---|---|---|
| (1)　利用開始の方法 | 家庭裁判所へ申立て | 委託者と受託者の契約（注） |
| (2)　財産を管理する人 | 家庭裁判所が選んだ後見人 | 委託者が選んだ人（受託者の了承が必要） |
| (3)　利用開始後の監督 | 家庭裁判所が後見人を指導・監督する | 受益者が受託者を監視・監督する |
| (4)　財産管理人への報酬 | 年間24～72万円（家庭裁判所が決定） | 委託者と受託者の合意した額（家族信託の場合、無報酬が一般的） |
| (5)　資産活用の可否 | 本人にとって必要、かつ、リスクがなければ、可能 | 契約で資産活用ができると定められていれば、可能 |

（注）　委託者が作成する遺言などでも利用することが可能。

## (1)　制度を利用する方法

　法定後見の場合は、配偶者や四親等内の親族等が家庭裁判所に成年後見人開始の申立てをする必要があります。

　一方で、家族信託の場合は、田中さんの事例のように親子間で契約をすることで利用が可能です。契約方法に制限はありませんが、契約が有効に成立したと対外的に証明するため、一般的に公証役場で公正証書にします。

1／家族信託の基礎知識　23

## (2)  財産を管理する人

　法定後見の場合は、先に説明したとおり、家庭裁判所が後見人を選任します。家族が申立て時に、候補者として希望を出したとしても、家庭裁判所がその希望に拘束されることはありません。

　家族信託の場合は、家庭裁判所など第三者に指定されることはなく、親（委託者）が選んだ身内を受託者にすることができます。ただし、契約によって利用する以上、選ばれた身内も受託者になることを了承する必要があります。最近では、子がいない高齢者が、自身の甥や姪を受託者として家族信託契約を結ぶケースも増えてきました。

## (3)  利用開始後の監督

　法定後見の場合、後見人は家庭裁判所の指導・監督のもとに後見業務を行っていきます。毎年1回、後見人は家庭裁判所に対して、財産管理状況、収支、事務の報告をしなければなりません。報告後、家庭裁判所から細かい指摘や照会を受けることもあります。

　家族信託の場合、毎年1度、信託財産の状況に関する書類を受益者に提出し、報告する必要があります。こちらの書類については、財産目録で足りるケース、確定申告で提出する貸借対照表や損益計算書を提出するケースがあり、受託者が管理する財産の内容によって変わります。

## (4)  財産管理人への報酬

　法定後見の場合は、前述のとおり、成年後見人が家庭裁判所に対して報酬付与の申立てをし、家庭裁判所が報酬額を決定します。法定後見が続く限り、報酬の支払いが必要になります。

　一方、家族信託の場合は、委託者と受託者が信託契約を結ぶ際に報酬の有無、報酬の額を決めます。報酬を支払うことで決定した場合、信託契約の中でその旨を明記し、報酬額又は報酬の算定方法も盛り込むことになります。子が受託者に就くケースが一般的ですので、無報

酬にすることが大半です。ちなみに受託者に支払う報酬は雑所得に当たり、確定申告が必要になります。

## (5)　資産活用の可否

　法定後見制度は、あくまで被後見人を保護して支援するための制度であり、被後見人の財産を保護することを前提にしています。そのため、株式投資や不動産投資のように、財産が減るリスクがある行為は基本的に認められません。また、被後見人の自宅を売却するためには、裁判所の許可が必要です。

　他方、家族信託の場合、委託者の希望に基づいた柔軟な財産の管理ができます。委託者本人が認知症を発症したとしても、信託契約に盛り込んだ財産に関する行為が可能であるため、相続対策もスムーズに行えます。

## 5　任意後見制度と家族信託の比較

　任意後見制度は、法定後見制度と併せて成年後見制度の1つの種類です。「法定後見」は家庭裁判所が本人のために後見人を指定する制度、「任意後見」は本人が後見人を指定する制度です。判断能力があるうちに、自身の判断能力が減退した後に備えて、自身の後見人を準備しておく制度が、任意後見です。

　任意後見は、本人と将来後見人（任意後見人）になってくれる候補者とが事前に契約を交わしておく必要があります。この契約を、「任意後見契約」といいます。任意後見契約は、公証役場で作成しなければなりません。任意後見人には、子や親戚などの身内の人でもよいですし、司法書士、行政書士、弁護士等の専門家でも構いません。自身が信頼できる人を指定できます。

　注意点は、任意後見契約を公証役場で締結したら、すぐに任意後見人が財産管理を始めるわけではない点です。任意後見契約を結んだ時点では、本人が諸々の意思決定をすることができるためです。任意後

1／家族信託の基礎知識　25

見契約をもとに、任意後見がスタートするタイミングは、本人の判断能力が低下、つまり、認知症と診断された後、親族やその任意後見人に指定された人が家庭裁判所に任意後見監督人の選任申立てをし、その監督人が選任された時です。

　では、任意後見制度と家族信託を比較していきましょう。

■ 図表 1 - 1 - 8　任意後見制度と家族信託の違い

| 項　目 | 任意後見受任者 | 家族信託 |
|---|---|---|
| (1)　利用方法 | 本人と任意後見人候補者との契約（公証役場） | 委託者と受託者の契約[注] |
| (2)　財産を管理する人 | 本人が選んだ任意後見人 | 委託者が選んだ人（受託者の了承が必要） |
| (3)　スタート時期 | 任意後見監督人が選任された時 | スタート時期は契約時に設定 |
| (4)　利用開始後の監督 | 任意後見監督人が事務を監督する | 受益者が受託者を監視・監督する |
| (5)　財産管理人への報酬 | 任意後見人：契約時に合意した金額<br>任意後見監督人：年12〜36万円（家庭裁判所が決定） | 委託者と受託者の合意した額（家族信託の場合、無報酬が一般的） |
| (6)　資産活用の可否 | 積極的な運用は不可 | 契約で資産活用ができると定められていれば、可能 |
| (7)　身上監護を職務としてできるか | 可<br>（ただし、取消権なし） | 不可 |

（注）　委託者が作成する遺言などでも利用することが可能。

　図表 1 - 1 - 8 の(1)と(2)は、これまで説明した内容ですので、割愛します。

## (1)　スタート時期

　任意後見の場合は、先にも説明したとおり、任意後見契約締結後、

26　第 1 章／家族信託・生命保険信託の基礎知識

本人が認知症になり、家庭裁判所から任意後見監督人が選任された時に任意後見人が職務をスタートします。

一方、家族信託の場合は、家族信託契約時にスタート時期を設定できます。契約と同時に受託者の財産管理をスタートさせるケース、委託者である高齢者が契約後しばらく経ってからスタートさせるケースなど、委託者になる高齢者の要望に沿って自由にスタート時期を決めることができます。ただし、認知症と診断された時をスタート時期にすることは、なるべく避けましょう。不動産を信託財産にする場合、登記手続きができなくなるおそれがあるからです。

## (2) 利用開始後の監督

任意後見の場合、家庭裁判所から選任された任意後見監督人が任意後見人の職務を監督します。任意後見監督人は、任意後見人と利害関係のない弁護士や司法書士等が選ばれます。

一方、家族信託の場合は、第三者の監督人を設けることが必須ではありません。受益者が受託者の財産管理を監督することになりますが、信託契約の中で信託監督人や受益者代理人という監督人を設けることができます。

## (3) 財産管理人への報酬

任意後見により実際に任意後見人が後見事務を行うためには、任意後見人と任意後見監督人2名体制であることが必要です。任意後見人へ支払う報酬は、任意後見契約の中で決めます。身内の人が就任する場合は無報酬にするケースが一般的です。任意後見監督人へ支払う報酬は、家庭裁判所がこれを決定します。

一方、家族信託の場合、基本的には受託者への報酬をなしとして契約するケースが一般的です。

## (4) 資産活用の可否

任意後見は、先に説明した法定後見と同様に、本人（被後見人）を

1／家族信託の基礎知識　27

保護するための制度です。つまり、本人の財産を保護することが目的であり、株式や不動産への積極的な投資など本人の財産が減るリスクがある行為はできません。

家族信託の場合は、家族信託契約を締結した内容（信託目的や財産の管理・運用・処分条項）により、積極的な投資も可能です。

### (5) 身上監護

身上監護とは、本人の生活、医療、介護などに関する法律行為を行うことです。例えば、入院の手続き、介護サービスの利用契約手続き、施設入所手続き、これらの費用の支払いが当たります。注意点は、身上監護に実際の介護が含まれない点です。

任意後見の場合は、成年後見制度の一種であることから、任意後見契約で身上監護の条項を盛り込めば、任意後見人が対応できます。

一方、家族信託の場合は、身上監護は対象外です。受託者は、あくまで委託者から信託された不動産や預金等の管理・運用・処分を任されたに過ぎません。

また、認知症の親が通販で高額商品を購入してしまった場合、その契約を取り消したいというケースがありますが、任意後見人及び受託者はともに本人（受益者）に代わって契約を取り消す権限はありません。契約取消権は、法定後見人しか認められません。

##  遺言と家族信託の比較

ここまで、家族信託について、法定後見と任意後見との比較をしながら、財産管理面を説明してきました。家族信託にはもう1つ活用できる場面があります。それは、当初の受益者（委託者である親）が死亡した後です。委託者である親は、自身が亡くなった後、受託者である子に信託していた財産を引き継ぐ人を指定することができます。死亡後の遺産の引継ぎ先を指定するといえば、遺言がまず思い浮かぶでしょう。

そこで、遺言と家族信託を比較しながら、両制度の違いをみていきましょう。

■ 図表１－１－９　遺言と家族信託の比較

| 項　　目 | 遺　　言 | 家族信託 |
|---|---|---|
| (1)　自身の死後、遺産の承継先を指定できるか | ○ | ○ |
| (2)　自分の死後のみならず、配偶者の死後、つまり二次相続まで指定できるか | × | ○ |
| (3)　相続後の財産管理は誰がするのか | 遺言により財産を相続した者 | 受託者 |

## (1)　自身の死後、遺産の承継先を指定できるか

　家族信託は、高齢者の健在時の財産管理や処分方法などを決めるだけではなく、遺言と同様に、死後の財産の承継先まで指定することができます。

## (2)　自身の死後のみならず、配偶者の死後、つまり二次相続まで指定できるか

　遺言の場合、例えば、妻にすべての財産を相続させ、妻が亡くなった後はその財産を長男と長女に半分ずつ相続させたいと希望していたとしても、その希望を実現することはできません。つまり、遺言ではあくまで自身の相続時の引継ぎ先しか指定できないということです。そのため、遺言により妻に相続させた財産は、妻が遺言を残す必要があります。

　一方で、家族信託の場合、自身の死亡時だけではなく、妻の死亡時も誰に受益権を継承させるかを決めておくことができます。父と息子が信託契約を締結し、息子が父のために信託財産を管理し、父死亡後

１／家族信託の基礎知識　29

は母のために管理を継続させるということが可能ということです。さらに、息子や娘、孫の代まで指定しておくことも可能です（ただし、法律上、信託がされてから30年経過後、承継は1回しか認められない）。

## (3)　相続後の財産管理は誰がするのか

　遺言の場合、妻が夫から遺言によって相続した不動産は妻名義へ、預金は妻の銀行口座に移します。しかし、夫が死亡した時点で、妻が認知症を発症していた場合、妻は預金の管理や不動産の売却もできません。そのため、財産管理などを目的として、妻のために法定後見制度の利用が必要になります。

　一方、家族信託の場合は、上記(1)で説明したとおり、父が死亡した後、息子は母のために財産管理を継続することが可能です。父死亡後、管理を継続させるかどうかは、父と息子が結ぶ家族信託契約の中で決めておく必要があります。家族信託の場合、遺産（受益権）の承継者と管理・処分者を分けることが可能なため、法定後見制度を利用する必要がありません。

（上木　拓郎）

## Column

# 何度でも言います、知識は礼儀です！

　この仕事をする上で筆者がとても大事だと考えているのは、日々の勉強です。士業並みに知識が必要かと言われれば、そこまでは……と思いますが、それでもある程度の知識がないと話になりません。

　この本を手に取っている皆さんはもちろん勉強家だと思いますが、日々の業務に慣れて勉強をしなくなる方も多くいます。民法も税法も毎年改正が入りますし、相続や終活の実務の現場でもルールが変更されることも多く、情報をしっかりキャッチしておかなければ、結果、顧客に迷惑がかかることになります。

　最近は金融機関で、資格者ではない者の相続手続きを不可にしているところが増えてきています。その場合は、士業と組む必要があるわけです。どこの金融機関が可で、どこが不可なのか……そういうことも把握する必要があります。

　相続に関係するデータも毎年変わります。国税庁のホームページや人口動態統計をみる癖をつけておくと、最新のデータを入手できて顧客への説明時にも大いに役立ちます。

　ぜひ、日々の勉強を積み重ねてください。

「知識は礼儀、それは自分とお客様のため」

（一橋　香織）

# 2 生命保険信託の基礎知識

 **相続の場面における生命保険自体の メリット**

## (1) はじめに

　で説明した家族信託は、財産を家族に信託するというしくみになっていますが、この節で説明する生命保険信託は、生命保険会社が支払う死亡保険金を「保険契約者（委託者）が信託会社等（受託者）に受け取らせて信託する」というしくみになっています。

　家族信託という便利なものがあるのに、なぜわざわざ保険料を払って生命保険に加入し、生命保険信託をする必要があるのか、疑問に思う人がいるかもしれません。

　そこで、まずは相続対策としての生命保険のメリットを簡単に説明します。

## (2) 死亡保険金の相続税非課税枠

　生命保険のメリットのうち、すべての人に適用されて最も実効性のあるものは、死亡保険金の相続税非課税枠だといえます。

　死亡保険金は、「みなし相続財産」として相続税の課税対象となりますが、「法定相続人の数×500万円」の非課税枠があります。つまり、現預金として持っているよりも死亡保険金として持っている方が相続税の節税効果が高いのです。

　このように、生命保険は本来の死亡保障的な効果も持ちつつ、いざという時の節税効果もあるのですから、これを使わない手はありま

せん。

■ 図表1－2－1　死亡保険金の相続税非課税枠（法定相続人が2人の場合）

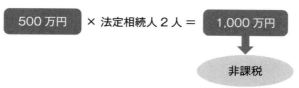

(3) 遺言・贈与の代わり

　被相続人が亡くなると、遺言書がなければ法定相続人全員で遺産分割をしなければならないので、遺言書を書いておこうと考える人も増えています。

　ところが、遺言書を書こうとしても、公正証書遺言の場合は専門家に頼んだり公証役場に予約を入れたり証人2名を確保したりしなければなりませんし、自筆証書遺言の場合は有効性の保証がなく、法務局での保管制度を利用しない限り、家庭裁判所での検認手続きや「発見されないおそれ」などのリスクも伴います。

　これに対し、保険会社と生命保険契約を結んで、財産を渡したい人を死亡保険金の受取人にしておくことは、比較的簡単かつ確実な手続きとなっています。

　つまり、生命保険を活用することで、被相続人は自分が渡したい人に確実に財産を渡すことができ、遺言や生前贈与の代わりとすることができるのです。

(4) 遺留分・代償金の準備

① 遺留分・代償金の原資

　生命保険のもう1つのメリットは、遺留分（遺言書がある場合にも一定の範囲の法定相続人に保障された最低限の遺産取得分）侵害額を

請求された場合や、遺産分割で代償金（遺産を現物で取得する代わりに他の法定相続人に支払う調整金）を支払わなければならなくなった場合に、その原資として活用できることです。

死亡保険金は、生前の契約によって生命保険会社との間で受取人が指定されているので、「受取人固有の財産」と考えられています。このため、遺留分侵害額請求がなされた場面や、遺産分割の場面において、これらの算定基礎となる遺産には含まれないのです（ただし、相続税の課税対象とはなることに注意）。

② 遺留分侵害額請求の例

例として「母親が遺産3,000万円相当の遺産を残して亡くなり、子A、Bの2人が相続人となったケース」を考えてみましょう。

母親が「子Aに全財産を相続させる」旨の遺言書を作成していた場合には、子Bは法定相続分2分の1のさらに2分の1である4分の1の遺留分があります。子Bが子Aに対して遺留分侵害額請求をした場合、子Aは子Bに対して「3,000万円×4分の1＝750万円」を現金で支払わなければなりません。

しかし、遺産の大半が不動産であり現預金が乏しい場合には、この750万円を捻出するのは子Aにとって簡単なことではないかもしれません。

■ 図表1－2－2

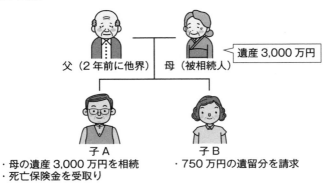

ここで、もし母親が遺産のうち900万円を生命保険の死亡保険金に変え、その受取人を子Aとしていた場合は、どうでしょうか。この場合、遺産として遺留分の算定基礎になるのは、残った2,100万円相当の部分ですから「2,100万円×4分の1＝525万円」、子Aは525万円を子Bに支払えばよいことになります。

　しかも、その原資は子Aが受け取った死亡保険金900万円の一部を使えばよいのですから、子Aは実質的には懐が痛まず、より多くの財産を手にすることができ、本来の母親の意図にかなうことになります。

### ③　代償分割の例

　上記の例で母親が遺言書を作成していなかった場合、子A、Bが協議などによって遺産分割をすることになります。

　この場合、1人当たりの法定相続分は2分の1ですから、遺産3,000万円を1,500万円ずつ分ければよいことになります。

　もっとも、3,000万円のうち1,800万円が不動産であり、そこに居住している子Aの不動産を取得する場合、子Aは法定相続分である1,500万円を超えている300万円について、子Bに代償金（現金）を渡さなければなりません。子A自身の預貯金から300万円をポンと払えればよいのですが、相続人世代は子育て世代でもあることが多く、子の学費等の出費がかさんでそのような余裕はないかもしれません。

　ここで、上記の例のとおり、母親が3,000万円のうち金融資産の一部である900万円を生命保険の死亡保険金に変え、その受取人を子Aとしていた場合を考えてみましょう。この場合、遺産分割の算定基礎になるのは、残った2,100万円相当の部分ですから、「2,100万円×2分の1＝1,050万円」が法定相続分です。そして、子Aが1,800万円の不動産を取得するとすれば、法定相続分を超える750万円を子Bに支払うことになります。一見すると支払う額が大きくなったように思えますが、子Aが別途受け取った死亡保険金900万円のうち750万円を子Bに渡すことができるのですから、子Aが自腹を切って固

2／生命保険信託の基礎知識　35

有の財産を取り崩す必要はなくなるのです。

④　特別受益

　1点だけ注意すべきは、死亡保険金の金額が遺産全体の中で大半の割合を占めるという場合には、「特別受益」として、遺留分侵害額の算定基礎や、遺産分割の対象財産に持戻しをしなければならなくなる可能性があることです。

　死亡保険金が多額に及ぶ場合には、法律の専門家に相談しながら進めるとよいでしょう。

## (5)　受取人が相続放棄をしても死亡保険金はもらえる

　相続の場面では、「債務超過」や「他の相続人と争いたくない」など、さまざまな理由から相続放棄をする相続人もいます。

　しかし、死亡保険金の受取人に指定されている相続人は、相続放棄をしても、受取人の固有の財産であるとの理由により、死亡保険金を受け取る権利を失わずに済みます。

　ただし、相続放棄をした者は、初めから相続人ではなかったものとみなされて法定相続人ではなくなってしまうため、上記(2)の死亡保険金の相続税非課税枠は利用できないということに留意しましょう（図表1－2－3)。

## (6)　換金がスムーズ

　およそ人が亡くなると、葬儀費用、入院費又は施設費、相続税の納税費用など、相続人には待ったなしでさまざまな金銭的負担が発生するものです。

　遺言書がない場合、①遺産目録の作成、②遺産分割についての話合い、③遺産分割協議書の作成、④金融機関での相続手続き、といういくつものステップを踏まないと相続人はお金を手にすることができません。その際に、相続人間に争いがあったり、遺産の多くを不動産が占めていたりすれば、なおさらです。

■ 図表1-2-3

　遺言書がある場合でも、④の手続きをしなければなりません。
　令和元年7月の民法改正により創設された預貯金の仮払制度を活用することもできますが、1つの金融機関当たりの仮払いの上限が決まっていますし、手続きも煩雑です。
　これに対し、死亡保険金の場合には、被保険者の死後にスムーズにその支払いを受けることができるというメリットがあるため、相続開始後の急な出費に充てることができるのです。

■ 図表1-2-4

## (7) まとめ

　以上のとおり、相続税対策に生命保険を活用すると、相続税の負担軽減や、相続人同士のトラブル防止など、さまざまなメリットがあるのです。

## 2 生命保険信託とは

### (1) はじめに

　これまで見てきたように、生命保険信託はそれ自体が相続の場面において大きなメリットを発揮するわけですが、そこに上記 **1** で説明した信託の強みを掛け合わせたものが、生命保険信託であり、使い方によっては最強のツールとなり得るものです。

> 生命保険のメリット　×　信託のメリット　＝　生命保険信託

### (2) 生命保険信託の当事者と基本的なしくみ

　簡単にいうと、生命保険信託とは、保険契約者（被保険者）が、自分が亡くなった場合に生命保険会社から支払われる死亡保険金を、その生命保険会社の系列の信託銀行等を受取人として受託し、親族等の受益者にあらかじめ指定しておいた方法で支払ってもらうというしくみになっています。

　この時に、保険金の支払条件の変更等を行う「指図権者」という役割の人を一緒に決めておくこともできます。

【当事者】

委託者：生命保険の契約者（被保険者）

受託者：信託銀行等（死亡保険金の受取人）

受益者：委託者が指定した財産（死亡保険金）を実質的にもらう人

指図権者：受託者の行う信託財産の管理・処分等について指図をする人

生命保険会社：死亡保険金支払義務を負っている会社

38　第1章／家族信託・生命保険信託の基礎知識

■ 図表1-2-5　生命保険信託のしくみ

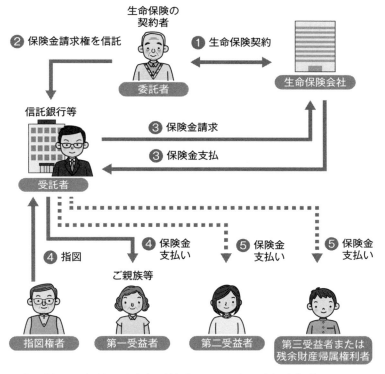

（出典）　一般社団法人信託協会ホームページより作成

## 3　生命保険信託でできること

　次に、「死亡保険金をあらかじめ指定しておいた方法で受益者に支払ってもらう」ということの具体例を紹介しましょう。
　きっと、生命保険信託という画期的な財産の承継方法のメリットを分かってもらえるはずです。

## (1) 死亡保険金の分割払いをカスタマイズ

通常の生命保険契約であれば、死亡保険金は被保険者の死亡後に受取人の請求を受けて一括払いされます。

しかし、生命保険信託の場合はその支払方法を一括払いではなくあらかじめカスタマイズされた分割払いとすることが可能なのです。

分割払いとされることによって支払いを留保されている間は、受託者である信託銀行等が保険金の運用を行うことが一般的です。

分割払いの方法としては、例えば、次のようなパターンが考えられます。

① 均等分割払い

受益者に多額の保険金が一度にわたらないよう分割して支払う方法です。

例えば、3,000万円の保険金について子を受益者としている場合、月額30万円を100か月（8年4か月）にわたって分割して支払うことなどが考えられます。

② ライフイベントに合わせた金額設定

上記①のような均等分割払いではなく、受益者のライフイベントに合わせて保険金を渡すこともできます。

例えば、3,000万円の保険金について子を受益者としている場合、大学卒業までは月額10万円、その後は月額15万円、子が生まれたら残額を一括払いとすることなどが考えられます。

③ 一括払いと分割払いの併用

受益者が複数いる場合、保険金を一括払いで受け取りたい受益者と、分割払いで受け取りたい受益者がいるケースが考えられますが、生命保険信託ではこのような設計も可能です。

例えば、3,000万円の保険金について、配偶者に1,500万円を一括払いし、長男と次男に各750万円を月額15万円ずつ50か月（4年2か月）にわたって分割して支払うことなどが考えられます。

■ 図表1-2-6

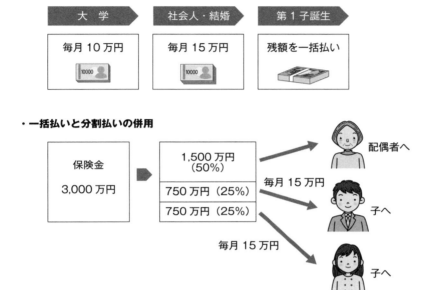

## (2) 受益者連続型という選択肢

　家族信託契約で受益者連続型の設計が可能であるように、生命保険信託でも、特約として同様の設計が可能です。
　例えば、次のようなパターンが考えられます。
① 第二受益者の設定
　当初の受益者（第一受益者）が分割払いの途中で亡くなった場合に、受益権を第二受益者に承継することができます。
　例えば、3,000万円の保険金について、配偶者（第一受益者）を受取人として月額20万円の均等払いに設定し、その途中で配偶者が亡くなった場合には、長女（第二受益者）がその続きの分割払いを受け取れるようにすることが考えられます。

② 残余財産帰属権利者の設定

さらに第二受益者が分割払いの途中で亡くなった場合に残りの保険金を残余財産帰属権利者に一括払いすることができます。

上記①の例で第二受益者である長女が分割払いの途中で亡くなった場合、長女の子2人（残余財産帰属権利者）が保険金の残額を2分の1ずつ受け取ることが考えられます。

■ 図表1－2－7

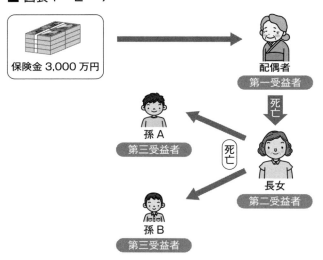

## (3) 急な出費に備えた保険金の支払い

以上のほか、受益者の学費・医療介護費等の緊急の出費に対応した保険金を随時受け取ることも可能です。

この場合には、あらかじめ定められた指図権者が受託者に指図することになります。

# 4 生命保険信託の留意点

## (1) 取り扱うことのできる保険会社が限られている

このように相続対策にうってつけの生命保険信託ですが、現時点ではどこの保険会社でも一律に取り扱っているわけではなく、生命保険信託契約をまったく取り扱っていない保険会社の方がむしろ多いくらいです。

保険商品として魅力的でも、必ずしも生命保険信託の対象とすることができない場合もあるので、事前によく確認してから保険加入しましょう。

## (2) 期間や金額等の条件がある場合もある

生命保険信託を取り扱っている保険会社でも、分割払いできる期間の上限や、保険金の最低金額等の条件が定められている場合があります。これは、一般的な家族信託とは大きく異なる点です。

家族信託は信託法に根拠があるのに対し、生命保険信託の場合はあくまで各保険会社の保険商品の中のオプションであるため、ある意味やむを得ないことといえるでしょう。

生命保険に加入する前に、自分はどのような生命保険信託を設計したいのかをある程度イメージしておいて、それが実現できる保険会社を選ぶことが重要です。

## (3) 手数料の負担

生命保険信託の場合、保険料とは別に、信託契約時と信託開始後に受託者に支払う手数料がかかりますので、よく確認しておきましょう。

2／生命保険信託の基礎知識　43

## (4)　保険会社側から勧められるとは限らない

　これまで述べてきたように、とても画期的なしくみを持つ生命保険信託ですが、保険会社としては、生命保険信託を歓迎しているとは限りません。

　その理由は、被保険者の死亡時に一括払いする従来の保険契約とは異なり、被保険者の死亡後に長期間にわたって少額ずつ死亡保険金を分割払いするという内容の生命保険信託は、保険会社にとってのコストが高くつくからです。

　ですので、生命保険信託を組成したい場合は、保険営業パーソンから勧められるのをじっと待っていたりせずに、能動的に情報を収集して、「生命保険信託にしたいのですが、こんなことはできますか？」と顧客側から問い合わせることが必要です。

## (5)　受取人の希望も確認するべき

　相続対策全般にいえることですが、被相続人が良かれと思って採用した方法が、相続人にとっても良いことであるとは限りません。

　世代・価値観・経済状態・家族構成等が違うのですから、仕方のないことといえるでしょう。

　例えば、死亡保険金の受益者となっている子は、生命保険信託による分割払いなどではなく、「今やりたいこと（起業、不妊治療、海外留学等）があるから、すぐにまとまったお金がほしい」と思っているかもしれませんし、逆に、「今は何不自由なく暮らしているので、老後の年金的な受け取り方をしたい」と思っているかもしれません。

　独りよがりにならないよう、まずは先入観を持たずに死亡保険金の受益者や相続人の希望を丁寧に聞いてみるというステップを踏んでみましょう。

## (6)　生命保険信託だけでは不十分な場合も

　相続対策全般にいえることですが、対策は複数の中から１つだけを

選べば十分というわけではありません。

　生命保険信託だけではなく、遺言、家族信託、生前贈与、節税効果のある財産活用など複数の対策を効果的に組み合わせていくことが重要ですので、より広い視野を持った専門家に相談することをお勧めします。

## (7)　税制について要確認

　生命保険信託を組成する場合には、税制の確認も重要ですので、本書の**第5章**を参照してください。

（木野　綾子）

第2章

# どのようなケースに
# 信託が必要か

# 1 家族信託が必要なケース

　ここからは、家族信託が必要なケースについて紹介します。
　以下にその例を3つ挙げていきますが、家族信託の役割がよく分かるように焦点を当てた書き方になっていますので、実際に家族信託の検討に必要となる具体的な言及は控えています。家族信託以外にどのような相続対策を組み合わせていくべきかなど、具体例については、**第4章**を参考にしてください。

## 1 金銭管理型信託

### 鈴木家のケース

(1) 鈴木家の現状と将来のリスク

　鈴木純一さん（72歳）は、妻の洋子さん（68歳）と自宅で暮らしています。一人息子である大助さん（40歳）は、結婚をして奥さんの良子さん（38歳）と子3人とともに、純一さんの自宅からすぐ近くで暮らしています。純一さんと大助さんは家族関係も良好で、純一さんに何か困ったことがあれば、大助さんは家族で手伝いに行っている状況です。
　最近になり、純一さんも高齢になってきたことでお金の管理に不安を覚えてきました。このことから、全面的に大助さんの家族にお金の管理をお願いできないかと考え、銀行の通帳やキャッシュカードを渡して生活費や各種支払いなどの管理をしてもらえるようにしていました。
　その後、大助さんはキャッシュカードでお金を引き出し、純一さん

■ 図表2-1-1 現状

に生活費の支給、必要な支払いなどをしていました。ある時、自宅の修繕が必要となったため、少し大きなお金を引き出す必要があり銀行の窓口へ行きました。しかし、窓口の方から「純一さんの本人確認がしたい」と言われてしまい、お金を引き出すことができませんでした。この時は、後日に純一さんと一緒に窓口へ行くことで対応できました。このことをきっかけに、今後も純一さんが急にお金を必要とすることになった場合、引き出すことができるのか不安になったため、大助さん家族がスムーズに純一さんのお金を管理できるようにしたいと考えるようになりました。

　鈴木家のケースでは、純一さんが入院などで窓口に行けなくなると、今後は窓口でお金を引き出すことが難しくなります。つまり、大助さんはキャッシュカード以外でのお金の管理が難しくなってしまいます。銀行の窓口で預金を引き出す際、窓口の方がこのような対応をするのは当たり前のことです。詐欺や家族による預金の使込みなど、トラブルを防止するために必要な対応となります。なお、キャッシュカードであれば、今後も自由にお金の引出しをしても問題ないかという質問がよくありますが、あまりお勧めはできません。特に、純一

1／家族信託が必要なケース　49

■ 図表２−１−２　将来のリスク

さんが認知症等で判断能力がなくなった場合、純一さんが引き続き大助さんにお金の管理を任せたいのかを確認ができないためです。お金の管理方法について家族間で意見の相違がある場合は、トラブルになるケースもあります。

　以前までは、成年後見制度や任意後見制度の活用、任意後見制度と併せて財産管理委任契約による対策をするのが主流でした。しかし、家族の関係性が良好で、お金の管理以外について特に問題がない場合には、逆に成年後見制度や任意後見制度を利用したことで、家族の負担が大きくなってきてしまうことがあります。今までは、家族であれば当たり前のこととして行っていた身上監護などを含め、裁判所へ報告しなければならなくなってしまうからです。

　また、財産管理委任契約では、銀行によって対応が異なることが多々あります。任意後見制度は理解をしているが、財産管理委任契約は把握をしていないということもあります。銀行によっては、財産管理委任契約に対応をしていないということもあります。これでは、安定的にお金の管理をするということが難しくなります。

## (2) 信託契約の締結

　そこで、純一さんは、大助さん家族がスムーズにお金の管理をしてもらえるよう、信託契約を締結することにしました。純一さんが、管理等をしてほしいと考えているお金を大助さんに信じて託すという内容です。この信託契約をもとに、大助さんが信託されたお金について管理等をしていくことになります。

　信託されたお金の管理方法については、「その計算を明らかにする方法」と規定されています。これは、帳簿等を付けるなどにより、信託しているお金が明確になっていればよいということです。つまり、現金での保管や新しく受託者名義で口座を開設するなどにより、お金の管理をすればよいことになります。しかし、これで第三者に対抗できるかは、別の問題になります。

　例えば、大助さんが、純一さんから信じて託されたお金を大助さん名義の口座で管理していたとします。その大助さんが不慮の事故で純一さんより先に亡くなってしまった場合、この口座のお金はどうなるでしょうか。信託しているお金は信託契約に従って処理をするもので

■ 図表２−１−３　金銭管理型の信託

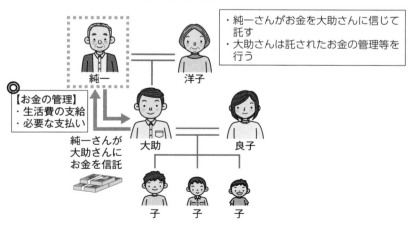

■ 図表2-1-4

〈受託者名義の口座〉

口座名義は受託者個人

・ほぼすべての銀行で開設可能
・受託者に何かあったら法的保護はされず、口座凍結の可能性もある

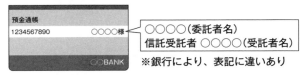

〈信託口の口座〉

信託専用の特別な口座
（受託者固有のものではない）

・限られた銀行でのみ開設可能
・受託者に何かあっても法的に保護され引き継がれる

　す。しかし、銀行としては預金者である大助さんのものとして対応をすることになります。これは、銀行として預貯金取引を円滑に管理できるようにするため、通常は譲渡禁止特約が付されているためです。これにより、大助さんに万が一のことがあった場合には、大助さんの相続人が協力しなければ、信託のスムーズな処理ができなくなるのです。

　このことから、銀行で信託のための専用口座である「信託口口座」を開設し、そこでお金の管理をすることが望ましいでしょう。ただし、信託口口座の開設については、すべての銀行で取扱いが可能なわけではありません。家族信託による信託口口座が開設できる銀行を選ぶ必要があります。また、信託口口座の開設時には、公正証書での信

託契約書の作成や、契約内容の事前確認、専門家が契約書の作成をしていることなど、要件があることにも注意が必要です。これは、信託の組成と契約の締結までに時間がかかってしまうことも意味しています。

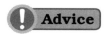

　現在、銀行による独自の取組みとして代理人制度があります。これは、預金者本人に代わり、事前に預金者が指名した代理人が、ATMで入出金ができる代理人キャッシュカードの発行や通帳での入出金、定期預金の解約等ができるようにするものです。信託以外での対応として検討することが可能ですが、取扱いをしていない銀行や各銀行で取扱方法が異なります。この制度の利用を検討する場合には、取引銀行に問い合わせ、詳細を確認する必要があります。

　相続コンサルタントは、財産管理委任契約・任意後見契約・信託契約・代理人制度の利用等について、どの対策方法が相談者にとって最適となるのかを検討する必要があります。この時のヒアリングとしては、相談者の家族関係や財産状況はもちろんですが「なぜ対策を検討したのか」「対策を検討するきっかけはあったのか」「特に不安なことは何か」などを含め、逆に「困っていないこと」などをしっかりと聞き取るようにしましょう。

　これを連携する専門職である各種士業と共有し、どの対策方法が適当かを事前に打合せしておくことをお勧めします。また、対策方法の説明については、長所だけではなく短所やリスクも合わせて説明を行うようにしましょう。

## (3)　連続型信託の場合

　ここまでの鈴木家のケースに続き、純一さんが亡くなった場合を考えてみましょう。純一さんが亡くなった場合、大助さんが管理していたお金については、引き続き純一さんの妻である洋子さんのために信託を続けてほしいと考える人も多いのではないでしょうか。このよう

■ 図表2－1－5　連続型の信託

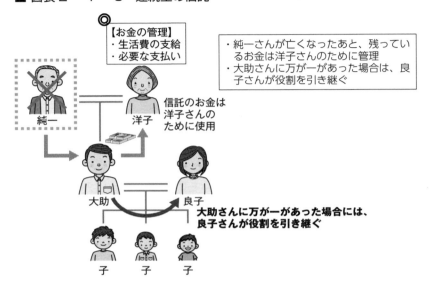

　な場合には、純一さんが亡くなった後も洋子さんのために引き続き信託を続けるように設定することが可能です。
　しかし、連続型信託の場合、信託をしている期間が長くなるため、大助さんが先に亡くなってしまうことなどの予期せぬリスクが増すことにも注意をする必要があります。そのため、大助さんに万が一のことがあった場合には、予備として大助さんの妻の良子さんが管理を引き継ぐように設定をしておくなど、リスク管理をしておくことが望ましいでしょう。

### (4)　有価証券の信託

　現在、お金の管理を行うためだけでなく、証券会社で取引する株式や投資信託の管理や運用、売却について家族信託をすることができるようになってきています。これにより、認知症等により今後の取引に不安がある場合でも、信じて託された者が取引を継続することができ、株式等の運用により得られた配当や売却益については、信託を

■ 図表2-1-6 有価証券の信託

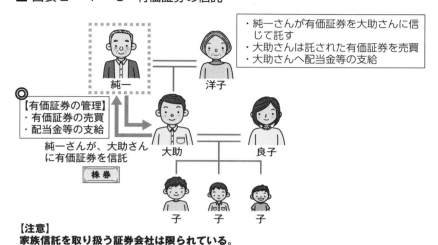

行った本人のために使用できるようになります。

　しかし、前述したすべての銀行で信託口口座が開設できるわけではないのと同様に、家族信託の取扱いができる証券会社は限られます。有価証券の信託を検討する場合、まずは現在の証券会社へ家族信託の取扱いが可能かの確認を行いましょう。その証券会社が取扱いを行っていない場合には、取扱可能な証券会社への移管の手続きが必要となります。このときに手数料が発生することや移管先の証券会社が取り扱っていない商品は、移管をすることができないことにも要注意です。

　また、証券会社で家族信託をした際には、一般口座の開設しかできない可能性があります。一般口座の場合、特定口座とは異なり、毎年の確定申告を行う必要があります。

　このように、信託をすることのデメリットもあるので信託の組成には注意が必要です。

## 2　不動産管理型信託

### 佐藤家のケース

　佐藤清子（68歳）さんは、夫・忠夫さんを先に亡くし、1人で自宅に暮らしています。一人娘の真紀（35歳）さんは、仕事の都合で清子さんとは少し離れた場所で一人暮らしをしています。

　高齢になってきた清子さんは、自宅で転倒して怪我をしてしまいました。今回は軽傷ですみましたが、今後何かあった場合には、真紀さんがすぐに駆け付けるのが難しいことから、施設等への入所を検討することとなりました。施設への入所時には、自宅の管理が難しくなるため、自宅は売却することを考えています。

■ 図表2-1-7　現　状

・清子さんは、自宅に一人暮らし
・高齢となり施設への入所を検討中
・施設入所後には、自宅は売却予定
・売却時の判断能力に不安がある
・真紀さんにスムーズに売却してほしい

自宅
※施設入所後に売却予定

【注意】
売却時に本人確認が必要

【少し離れた場所で暮らす真紀さん】
・すぐに駆け付けることが難しい

■清子さんに判断能力がなくなると……

　佐藤家のケースでは、清子さんに判断能力がなくなると不動産を売却することができなくなります。不動産の売却には、清子さん本人が買主と売買契約を行うことが必要となるからです。また、不動産の売

却は、仲介業者に依頼することがほとんどです。この際、仲介業者との媒介契約が必要になりますし、買主へ所有権移転登記を行う際には、司法書士による本人確認が必要となります。

このように、不動産を売却する際には、所有者である清子さんが多くの手続きをしなければならず、これが負担となってしまうことがあります。

このような場合には、成年後見制度や任意後見制度（総称して「後見制度」という）の活用をすることが主流でした。しかし、後見制度を利用した場合、不動産の売却が完了したからといって、後見制度の利用を止めるということができません。これにより、上記 1 で解説したことと同様に、裁判所への報告義務などにより家族の負担が大きくなってきてしまうことがあります。

また、後見制度を利用した不動産の売却については、裁判所の許可が必要となります。売却の必要性や売却価格が適正か否かを確認するため、通常の売却時に比べて時間がかかってしまうことがありますので、不動産をスムーズに売却したい場合には、注意が必要です。

そこで、清子さんは、真紀さんにスムーズな不動産の管理・売却をしてもらえるよう、信託契約を締結することにしました。清子さんが今後の管理・売却を託したいと考えている不動産について、真紀さん

■ 図表2－1－8　不動産管理型の信託

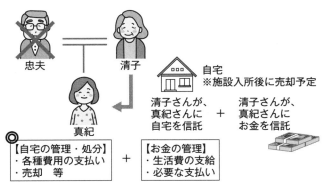

に信じて託すという内容です。

　なお、信託する不動産を管理するためには、固定資産税の支払いや火災保険などの支払いが発生することが想定されます。不動産だけの信託ではなく、管理に使用するお金も併せて信託しておくことで、よりスムーズな管理が可能となります。

　この信託契約をもとに不動産の信託登記を行うことで、今後は真紀さんが管理・売却を行うことができるようになります（お金の信託については、上記 **1** を参照）。

　信託登記を行うと、所有者が信託を原因として真紀さん名義となります。また、信託した不動産については、不動産登記簿にも信託目録として「誰が」「誰に」「誰のために」「どのような」信託がされているかが記載されます。例えば、信託した不動産は、「管理」「売却」ができるとすることで、真紀さんがこれを行うことができるようになります。逆に「管理」のみを記載した場合には、所有者は真紀さんとなっていますが「売却」はできません。他にも「賃貸」「解体」なども想定をする必要があるかもしれません。このように、不動産の信託を検討する場合には、将来的に想定することを明確に記載しておく必要があります。

　不動産を信託する場合には、他にも事前に確認しておくべきことがあります。代表的な例として、以下に解説します。

## (1)　不動産登記簿謄本（全部事項証明書）の確認

### ＜氏名・住所＞

　信託をする方の「氏名」「住所」が正しく記載されているかを確認します。氏名が旧姓で記載されていることや、住所が旧住所で記載されていることは多くあります。このような場合には、信託をする前に正しい記載に変更が必要です。

　最近では、親など以前の所有者からの相続登記がされていないケースも多くみられます。このような場合にも、まずは相続登記を行ってからでないと、信託をすることができませんので、要注意です。

＜共有者＞

　信託を検討する物件に共有者がいる場合には、今後の活用方法など
に影響がある可能性があります。どなたかと共有になっている場合に
は、その方との関係性などを含めたヒアリングを行いましょう。

＜抵当権の有無＞

　抵当権が設定されている場合には、債権者へ信託を行い所有者が変
わることの承諾が必要です。なお、債権者の承諾を得ることなく、所
有権の移転を行ってしまった場合には、期限の利益を喪失し、借入金
の一括返済などを求められることがあります。借入れについては、す
べて返済が済んでいても、抵当権の抹消をしていないケースも多くあ
ります。このような場合には、抵当権の抹消も行っておく必要がある
でしょう。

＜未登記・増改築＞

　建物については、未登記になっていないかや、増改築をしたが登記
簿に反映されていないことがないかを確認します。こちらも正しい登
記がされていない場合には、信託をする前に正しい登記を行っておく
ことが必要です。

＜地　目＞

　地目が「田」「畑」の場合には、信託を行うことができない可能性
があります。農地については、所有権を移転するためには事前に農地
法で定める許可が必要となるためです。許可が下りない場合には、信
託をすることができません。この許可については、厳しく規制がされ
ています。農地を信託することはかなりハードルが高いと考えてよい
でしょう。ただし、地目が田や畑であっても、宅地への地目変更をし
ていないだけというケースも多くあります。このような場合には、信
託前に地目変更を行うことで信託をすることが可能となります。

## (2)　（売却を検討の場合）売却可能な物件かの確認

　せっかく信託をしても、そもそも売却が難しい物件であれば意味が
ありません。「不動産の売却」が信託をする主な理由の場合には、信

託の組成を検討する時点で売却が可能な物件かを事前に確認しておくことをお勧めします。

### 🅘 Advice

　不動産は、売却だけでなくさまざまな使用・利用・活用の方法を想定する必要があります。そして、前述したとおり信託をしたいと思っても難しい場合があります。このことから、不動産の信託については、信託を前提とした事前調査が必要です。

　相続コンサルタントは、金銭管理型の信託同様に「なぜ対策を検討したのか」「対策を検討するきっかけはあったのか」「特に不安なことは何か」などに追加して、事前調査が必要であることを相談者に伝えておきましょう。そして、相談者から承諾が得られた場合には、先に専門職である不動産業者と連携を行い、信託が可能な不動産であるかの確認作業を行うようにしましょう。

　不動産を信託する場合には、佐藤家のケース以外にも賃貸を目的とした信託や、アパート建築を行い、運用をしていくような信託も可能です。これにより、認知症等による今後の不動産の管理や建築、賃

■ 図表２－１－９　不動産管理型の信託（借入有）

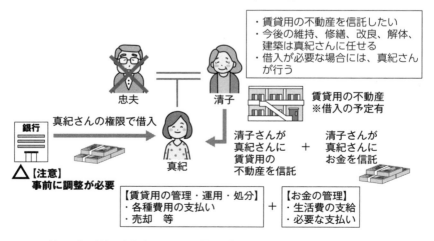

貸、売却など運用に不安がある場合でも、信じて託された者がこれを継続することができ、不動産の賃貸、売却などの運用で得られた利益については、信託を行った本人のために使用できるようになります。

このとき、将来的に借入れが必要となる場合には、事前に借入先の銀行と調整を行う必要があります。この調整を行っていない場合、借入れ時に銀行から融資を受けることができなくなるなどのトラブルになる可能性があります。

## 3 自社株承継型信託

### 高橋家のケース

高橋克夫さん（81歳）は、会社を起業し順調に成長させてきました。そろそろ世代交代を考え、長年にわたり会社の手伝いをしてくれた息子の公夫さん（54歳）に経営を任せたいと思っています。しかし、会社の業績が良いこともあって、自社株（非上場株式）の評価額が高いことが判明しました。この自社株をそのまま公夫さんに贈与しようとすると、多額の贈与税がかかるとのことです。贈与税のことを考えると、今すぐに贈与をするのは難しい状況です。

■ 図表2－1－10　現　状

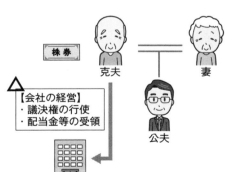

1／家族信託が必要なケース　61

克夫さんは、年齢的な心配があり、このまま認知症などで判断能力が低下してしまうと、克夫さんがほとんどの株式を保有している会社のため、経営に影響が出るのではないかと懸念しています。

■克夫さんが経営判断をできなくなると……

　高橋家のケースでは、会社のほとんどの株式を保有している克夫さんが経営判断をできなくなると、会社の重要な決定ができなくなります。

　株主が行使できる権利は、持株の比率により異なります。持株比率が50％（2分の1）を超えている場合には、株主総会での普通決議を単独で通すことができる権限があります。例えば、日常的な運営に関する決定として役員の選任や報酬・配当の決定、事業計画の承認などです。持株比率が66.7％（3分の2）を超える場合には、株主総会での特別決議を単独で通すことができる権限があります。具体的には、定款の変更、会社の合併・分割、会社の解散などです。このことから、ほとんどの株式を保有している克夫さんが経営判断をできなくなると、会社の経営に大きな影響があることが想定できます。

　このような場合、成年後見制度や任意後見制度の活用はお勧めでき

■ 図表２－１－11　将来のリスク

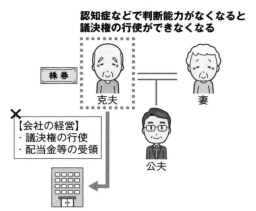

■ 図表２−１−12　自社株承継型の信託

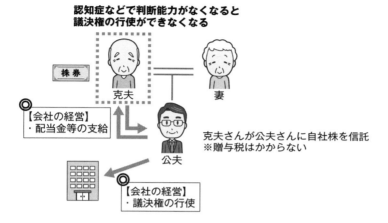

ません。これは、後見制度が財産管理・身上監護により判断能力が低下した人の支援を行うための制度であり、会社の経営を含め運用などをするための制度ではないからです。

　そこで、克夫さんは、今後は公夫さんが会社の経営を行うことができるように、信託契約を締結することにしました。克夫さんが所有している会社の株式について、公夫さんに信じて託すという内容です。

　この信託契約をもとに、取締役会設置会社では取締役会、それ以外の会社では株主総会の決議を行い会社の承認を得る必要があります。なお、株主が多数いる会社で信託を検討する場合には、この承認が得られるのかを事前に確認する必要があります。承認が得られない場合には、信託をすることができないからです。この承認が無事に完了した後、株主名簿の変更を行うこととなります。

　なお、株券不発行会社の株式については、株主名簿の書換えを行わなければ会社及び第三者に対抗することができません。この手続きを行うことで、会社の経営権を息子である公夫さんに託すことができます。

　この方法は、経営を次世代に任せるか迷っている人にとっても有効

１／家族信託が必要なケース　63

です。

　例えば、息子に経営を任せたいと思っているが、まだ決断ができていないという場合です。信託を適正に活用することで、贈与税を負担することなく経営権を託すことができるのは図表2-1-12のとおりですが、信託を終了させるための規定を設定することで、経営を任せるには不十分と感じたときに、信託を終了して株式を元の経営者に戻すことが可能になります。

　贈与の場合には、後継者に渡してしまった株式を元の経営者に戻すことはかなり困難なのですが、このように信託を利用することで後継者の育成を含めた、お試しのようなかたちで経営権を渡すことができます。

### ！Advice

　現在、非上場株式については、贈与税・相続税の納税猶予・免除や遺留分に関する民法の特例、M&A、種類株式の活用など、対策方法も幅広く検討事項が数多く存在します。また、自社株の評価も大きく関わってくることから、税務の検討も必要不可欠です。

　高橋家のケースでも、自社株承継型の信託をしたことで経営権を移すことはできましたが、相続税の負担を軽減したわけではありません。自社株の評価が高いということは、相続税についても考える必要があります。他の相続人が多数いる場合には、遺産分割についても注意する必要があるでしょう。

　相続コンサルタントは、総合的・多角的な視点、短期的・中長期的な計画を考えるため、特に専門職である税理士と連携しながら対策を行いましょう。

（細谷　洋貴）

# Column

## その対策は本当に正解ですか？

相談者の相続の問題の解決策として、柔軟性を欠く提案をたまに見かけます。

例えば、なんでもかんでも家族信託にもっていこうとしたり……。

それ、遺言でもOKじゃない？ もしくは任意後見でもOKでは？……など、家族信託に無理にしなくていい場合もあるのに、最近は「家族信託が相続対策の主流ですから！」と言って、家族信託ばかりを提案していませんか？ あるいは逆もしかりですね。

提案はいろいろな選択肢の中から、その家庭ごとに選ぶべきですし、よく言われるように「100人いたら100通りの解決策がある」わけです。

知識に偏りなく、頭を柔軟にしていろいろな選択肢の中から、そのご家庭の正解を見つけるお手伝いをしてください。

**「正解はお客様の中にある」**と筆者は思っています。

（一橋　香織）

# 2 生命保険信託が必要なケース

　では、生命保険信託が必要なケースにはどのようなものがあるでしょうか。以下にその例を5つ挙げていきますが、生命保険信託の役割がよく分かるように焦点を当てた書き方になっていますので、実際に被保険者が亡くなった時の遺産の全貌や遺留分の金額への具体的な言及は控えてあります。生命保険信託以外にどのような相続対策を組み合わせていくべきかなどの具体例については、**第4章**を参考にしてください。

## 1　浪費防止型

### 藤田家のケース

　藤田孝夫さん（59歳）には、再婚相手の美奈子さん（48歳）との間に一人息子の洋介くん（10歳）がいます。
　長い調停を経て離婚した前妻との間には、成人した娘が2人います

■ 図表2-2-1　現　状

・孝夫さんと前妻は長期間の離婚調停を経て別れており、確執がある
・自分の死後に美奈子さんや洋介くんが前妻の娘たちと揉めないようにしたい

が、20年近く会っていません。

　孝夫さんは、自分が亡くなった後に美奈子さんや洋介くんが前妻との間の娘2人と揉めないようにしたいと考えています。

## ■孝夫さんが亡くなると……

　藤田家のケースでは、今孝夫さんが亡くなると、法定相続人である妻の美奈子さん、洋介くん、前妻との間の娘2人の合計4人で遺産分割協議をしなければなりません。

　孝夫さんと前妻との間に確執があることや、孝夫さんが前妻との間の娘2人と20年近く会っていないことを考えると、娘2人が美奈子さんや洋介くんに友好的であるとは限らず、遺産分割協議の場面で揉めてしまう可能性があります。

　仮に、孝夫さんが、美奈子さんと洋介くんに遺産を全部渡せるようにと遺言書を書いておいたとしても、前妻との間の娘2人には、遺言書によっても奪うことのできない「遺留分」という権利があります。

　そのため、せっかく遺言書を書いても、前妻との間の娘2人が美奈子さんと洋介くんに遺留分侵害額の請求をすれば、結局揉めごとになってしまう可能性があります（図表2－2－2）。

## (1)　生命保険の併用

　そこで、孝夫さんは、少しでもスムーズに相続が実現できるよう、美奈子さんと洋介くんに3：1の割合で財産を渡すという内容の遺言書を書いた上で、遺留分の算定基礎となる財産を減らすために、財産の一部で一時払終身保険に加入することにしました。死亡保険金の受取人は、美奈子さん（2,000万円）と洋介くん（1,000万円）です。

　こうすれば、遺留分の算定基礎となる遺産の中から死亡保険金合計3,000万円が除外されるため、美奈子さんと洋介くんの手元により多くの財産が残ることになります（図表2－2－3）。

　しかも、相続税の算定においては、500万円×4人（法定相続人の人数）で合計2,000万円の非課税枠を使うことができるのです。

2／生命保険信託が必要なケース　**67**

■ 図表2−2−2

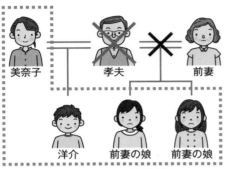

**法定相続人4人で遺産分割協議をすると揉める可能性あり**

遺言書
「私は全財産を
妻美奈子に4分の3、
長男洋介に4分の1の割合で
相続させる」
↓
前妻の娘2人の遺留分
（各12分の1）を
侵害

美奈子さんと洋介くんに有利な遺言書を書いて前妻の娘2人の遺留分を侵害すると揉める可能性あり

■ 図表2−2−3

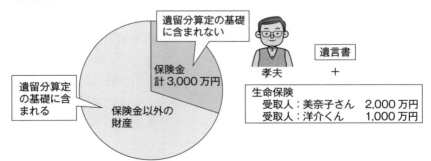

生命保険は遺留分を減らす手段として有効

相続税の非課税枠：500万円 × 法定相続人4名＝2,000万円

## (2) 生命保険信託

　保険金の使い道としては、美奈子さんの分は前妻との間の娘2人への遺留分に充てるとして、孝夫さんとしては洋介くんの分は将来のために使ってほしいと考えています。

　洋介くんは現在10歳ですから、仮に孝夫さんが15年後に亡くなったとすると洋介くんは25歳です。遺言による遺産のほかに1,000万円という多額の死亡保険金を手にした25歳の洋介くんが旅行や自動車や遊びなどにパッとお金を使って散財してしまうのではないかと、親としては心配になるところです。

　そこで、孝夫さんは、洋介くんが死亡保険金を受け取る際に、1,000万円を一度に受け取るのではなく、毎月10万円ずつ100か月（8年と4か月）に分けて渡すことができるよう、生命保険信託を使うことにしました。

　こうすれば、洋介くんが若気の至りから散財してしまうことを防ぐことができます。

　藤田家のケースのように、生命保険信託は「お金を渡したい人がいるけれど、一度に大金を渡したら浪費してしまうのではないか」という心配を解決することができるのです。

■ 図表2－2－4

# 年金型保険と生命保険信託の違いとは？

　年金型保険と生命保険信託は、資産形成や保障の手段として利用されますが、それぞれの受取方法には違いがあります。

□**年金型保険の受取方法**

　年金型保険は、契約者が一定の保険料を支払い、契約時に定めた条件に基づいて年金を受け取る制度です。一般的には、以下の2つの受取方法があります。

・終身年金……被保険者が生存している限り、死ぬまで年金を受け取れる。この形式のメリットは、一生涯にわたる年金が確保できる点。
・確定年金……契約時に定めた一定期間（例えば10年など）年金を受け取る方式で、契約者が死亡した場合でもその期間の残りの年金は受取人に支払われるため、また保障の仕組みがあるという点で安定感があるが、長期間受け取ることができないリスクも伴う。

□**生命保険信託の受取方法**

　生命保険信託では、契約者が指定した受取人に死亡保険金が支払われます。この場合、受取人が信託の管理下で保険金を受け取るため、以下の特徴があります。

・受取方法の多様性……生命保険信託では、受取人に対して資金の管理や配分方法を事前に決めることができる。例えば、特定の条件に基づいて分割して受け取ることも可能。これにより、受取人が資金を一度に受け取ることによる浪費のリスクを軽減できる。

| 項　　目 | 年金型保険 | 生命保険信託 |
| --- | --- | --- |
| 目的 | 老後資金の計画的な準備 | 受取人の保護、財産管理（特に未成年者や財産管理は困難な親族がいる場合） |
| 受取方法 | 契約時に定めた年齢から定額の年金を受け取る。受取期間は確定年金、有期年金、終身年金など契約内容による。 | 保険金は信託銀行などが管理し、契約者の意向に従って遺族に支払われる。受取人や受取方法を柔軟に設定可能。 |
| 受取人指定 | 特に制限なし | 柔軟な指定が可能。2親等以内の血族以外も指定できる場合がある。 |
| 管理者 | 保険会社 | 信託銀行などの信託機関 |
| 柔軟性 | 契約内容に基づく。 | 信託契約により、受取人、受取方法、信託期間などを柔軟に対応可能。 |
| 資産管理 | 保険会社が積み立てた資金を運用。 | 信託銀行が信託財産として管理・運用。 |

（一橋　香織）

## 2 管理不能型

### 横井家のケース

　横井直彦さん（48歳）には、妻の日出代さん（47歳）との間に長女の杏奈さん（23歳）と長男の正彦さん（21歳）という2人の子がいます。

　杏奈さんには生まれつき知的障がいがあり、昨年からグループホームで生活しながら軽作業のアルバイトをしています。

　直彦さんはまだ若いのですが、来春から勤務先の関連会社の社員兼役員として出向予定であり、退職までの道筋が見えてきたのを機に、相続対策を考え始めました。

　何よりも心配なのは、障がい者である杏奈さんの行く末です。

■ 図表2－2－5

・杏奈さんには生まれつき知的障がいがあり、昨年からグループホームで生活しながら軽作業のアルバイトをしている
・直彦さんは来春の出向が決まり、退職までの道筋が見えてきたので相続対策をしたい

■直彦さんが亡くなると……

　横井家のケースでは、今直彦さんが亡くなると、法定相続人である日出代さん、杏奈さん、正彦さんの3人で遺産分割協議をしなければなりません。

　ここで問題となるのは、知的障がいのある杏奈さんに、遺産分割に

2／生命保険信託が必要なケース　71

ついて判断をする能力があるかどうかです。そのような能力が十分にない場合には、家庭裁判所に申立てをして、成年後見制度を利用し、「後見人」「保佐人」「補助人」を付ける（杏奈さんの遺産分割について代理権や同意権を与える）必要が出てきます。

　直彦さんが遺言書を書いておけば、相続人が遺産分割協議をする必要はなくなりますが、これまでにも説明したように、各相続人に遺留分という権利があることも念のため頭の隅においておきましょう。

■ 図表２－２－６

法定相続人３人で遺産分割協議をするに当たり、杏奈さんの判断能力の有無や程度が問題となり、成年後見制度の利用を余儀なくされる場合も考えられる。

### (1) 生命保険の併用

　そこで、直彦さんは、日出代さん、杏奈さん、正彦さんに３：５：２の割合で財産を渡すという内容の遺言書を書いて、遺産分割協議を経ることなくスムーズに財産の承継が行われるようにしたほか、節税を兼ねて、財産の一部で一時払終身保険に加入することにしました。死亡保険金の受取人は、杏奈さん（2,000万円）です。

　こうすれば、最も将来が心配な杏奈さんの生活保障を厚くすることができますし、この割合であれば誰の遺留分も侵害していないことになります。

　しかも、相続税の算定においては、500万円×３人（法定相続人の

■ 図表2−2−7

相続税の非課税枠：500万円 × 法定相続人3名＝1,500万円

人数）で合計1,500万円の非課税枠を使うことができます。

## (2) 生命保険信託

　しかし一方で、遺言書による遺産のほかに多額の死亡保険金を手にした杏奈さんが、知的障がいゆえに詐欺や消費者被害に遭ってしまう可能性も考えられます。

　そこで、直彦さんは、杏奈さんが死亡保険金を受け取る際に、2,000万円を一度に渡すのではなく、毎月10万円ずつ200か月（16年8か月）に分けて渡すことができるよう、生命保険信託を使うことにしました。

　こうすれば、直彦さんの死後も、保険金の分割払いによって杏奈さんの生活をできるだけ長くサポートすることができます。

　横井家のケースは、保険金の受取人が障がいのため財産管理が不能であり、それゆえにせっかくの保険金が騙しとられるなどの被害に遭うことを防止するために、生命保険信託を活用したものです。

■ 図表２−２−８

知的障害のある杏奈さんに遺産のほか
保険金 2,000 万円を一括払いすると
詐欺や消費者被害に遭う可能性あり

## 3 散財予備軍型

### 伊藤家のケース

　伊藤妙子さん（69歳）は、亡くなった夫との間に一人娘の美恵子さん（43歳）がいます。
　妙子さんは夫から引き継いだ先祖代々の資産を美恵子さんに守って

■ 図表２−２−９

・妙子さんは亡くなった夫から引き継いだ先祖代々の資産を一人娘の美恵子さんに守っていってもらいたい
・美恵子さんは前夫との間の小学生の息子２人を育てている
・美恵子さんの現在の夫は会社経営者だが事業が不安定であり借金を重ねている

いってもらいたいと思っています。

美恵子さんには、前夫との間に小学生の息子が2人いますが、2年前に再婚しました。現在の夫は会社経営者ですが、事業が不安定であり借金を重ねているようです。

■妙子さんが亡くなると……

伊藤家のケースでは、今妙子さんが亡くなると、法定相続人である娘の美恵子さんが唯一の相続人ですから、遺産をめぐる争いの心配はありません。

でも、美恵子さんが伊藤家の先祖代々の遺産を自分の夫の事業資金としてつぎ込んでしまう可能性がないとは言い切れず、もしそうなったら妙子さんとしては不本意だと思っています。

妙子さんが孫2人にも遺産を渡すという遺言書を書くことも考えられますが、孫2人が未成年のうちは妙子さんが法定代理人として財産管理をすることになるため、やはり不安は拭えません。

■ 図表2－2－10

妙子さんが亡くなっても遺産争いの心配はないが、美恵子さんが先祖代々の遺産を夫の事業資金（借金返済）につぎ込んでしまうことは妙子さんにとって不本意なことである。

2／生命保険信託が必要なケース　75

■生命保険信託

　そこで妙子さんは、遺言書を書くのではなく、財産の一部で一時払終身保険に加入した上で生命保険信託を使うことにしました。死亡保険金の受取人は、美恵子さん（2,000万円）と孫2人（各1,000万円）で、美恵子さんには毎月20万円ずつ100か月に分けて渡し、孫2人には毎年1月と誕生月に各10万円、残額は18歳の成人年齢に達した直後の3月にまとめて渡すことにしました。

　相続税の算定においては、500万円×1人（法定相続人の人数）で合計500万円の非課税枠しか使えませんが、生保信託を使うことによって、妙子さんの死後も、美恵子さんの生活を確実にサポートし、孫たちにも小遣いや将来のための資金を残すことができることになります。

　このケースは、一度に保険金を渡してしまうと、被相続人にとって不本意な使途に使われてしまうおそれがあるため、生命保険信託を活用してその防止をしたという例です。

■ 図表2－2－11

美恵子

美恵子の息子
（孫）2人

生命保険信託を使って、保険金2,000万円を…
**毎月20万円×100か月払い**

これなら安心できそう
妙子

生命保険信託を使って、保険金各1,000万円を…
**毎年1月（お年玉）10万円**
**誕生月（誕生祝い）10万円**

**18歳時に残額を一括払い**

天国のおばあちゃん、いつもありがとう！

相続税の非課税枠：500万円 × 法定相続人1名＝500万円

## 4 ライフプラン型

### 山中家のケース

　山中弘樹さん（72歳）には、妻の真由美さん（59歳）との間に一人息子の正弘さん（30歳）がいます。

　正弘さんは2年前に結婚し、妻との間に双子が生まれたばかりです。今はまだそれほどお金がかかりませんが、将来的には子2人の教育費や住居費が必要になってくるので、弘樹さんとしても正弘さんに経済的な支援をしたいと考えています。

■ 図表2－2－12

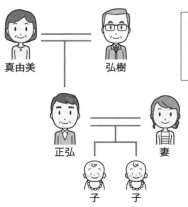

・正弘さんは2年前に結婚し、双子が生まれたばかり
・将来的には正弘さん一家には教育費や住居費が必要になるので、弘樹さんとしては経済的支援をしたい

### ■生命保険信託

　弘樹さんは、税理士と相談して、正弘さんの子2人への教育資金贈与（非課税）をすることにしました。

　弘樹さんは、このほかに自分が亡くなった後にも何かできることはないかと考えた結果、財産の一部で一時払終身保険に加入した上で生

命保険信託を使うことにしました。

　死亡保険金の受取人は正弘さん（2,000万円）で、孫2人が6歳時（小学校入学前）に100万円、10歳時（中学受験の準備開始）に200万円、12〜17歳時まで毎年100万円、18歳時に残額を渡せるようにしました。

　相続税の算定においては、500万円×2人（法定相続人の人数）で合計1,000万円の非課税枠が使えます。

　生命保険信託を使うことによって、弘樹さんの死後も、正弘さんの子育ての過程に合わせて効果的にその家計を支援することができるのです。

　山中家のケースでは、息子の子育てを支援するために、孫たちの年齢を考慮して、生命保険信託を利用し保険金の分割払いを選択しています。

■ 図表2−2−13

相続税の非課税枠：500万円 × 法定相続人2名＝1,000万円

## 5　受益者（受取人）連続型

### 三浦家のケース

　三浦たつ子さん（70歳）には、夫も子もおらず、法定相続人は妹の和美さん（68歳）のみです。

たつ子さんは、自分が亡くなったら和美さんに生活費の足しになるような財産を渡したいと考えています。

■ 図表２－２－14

・たつ子さんは夫も子もなく、法定相続人は妹の和美さんのみである
・自分が亡くなったら和美さんに生活費の足しになるような財産を渡したい

■たつ子さんが亡くなると……

　三浦家のケースでは、今たつ子さんが亡くなると、法定相続人である妹の和美さんが唯一の相続人ですから、遺産をめぐる争いの心配はありません。

　でも、たつ子さんが亡くなる時には２歳違いの和美さんも高齢になっているため、和美さんが金融機関で預貯金の相続手続きをするのは、面倒で大変な作業に感じることでしょう。葬儀代の支払いなど必要なお金の工面が間に合わないかもしれません。

## (1) 生命保険によるスピーディな支払い

　そこでたつ子さんは、財産の一部で一時払終身保険に加入することにしました。死亡保険金の受取人は、和美さん（3,000万円）です。

　こうすれば、たつ子さんが亡くなった後に保険会社が簡易な手続きで速やかに和美さんに死亡保険金を渡してくれます。

　しかも、相続税の算定においては、500万円×１人（法定相続人の人数）で合計500万円の非課税枠を使うことができます。

### (2) 生命保険信託の活用

　これだけでも十分なのですが、たつ子さんは、さらに生命保険信託を活用することにしました。和美さんが死亡保険金を受け取る際に、3,000万円を一度に渡すのではなく、亡くなった時に300万円、その後は毎月10万円ずつ渡し、和美さんが亡くなった後は残余財産を和美さんの息子さんに渡すというしくみを作ったのです。

　こうすれば、たつ子さんが亡くなった時に和美さんは葬儀代などもまとまったお金を手にすることができる上、毎月の生活費の補助も確保することができます。

　そればかりでなく、和美さんに万一のことがあった場合には、たつ子さんにとって甥に当たる和美さんの息子さんにもスムーズに財産を引き継ぐことができるわけです。

　家族信託と同じく、生命保険信託でも受益者（受取人）連続型のしくみを使うことがあります。贈与や遺言にはない特長であり、応用の幅も広いといえます。

■ 図表２−２−15

相続税の非課税枠：500万円 × 法定相続人１名＝500万円

（木野　綾子）

# Column

## 相続対策には生命保険の活用を！

生命保険にはいろいろな受取り方が可能なものがあります。

例えば、死亡保険金を毎月受け取ることができたり、毎年受け取ることができたり。よく、お子さんに軽い障がいがある方からのご相談で、こんな質問があります。

「うちの子はお金の管理ができないから一度にたくさんの保険金が入ると全部使う危険性があるの。何かいい方法はないかしら？」

そんな時にご紹介するのが、先ほどの年金のような受取り方ができる保険です。

あるいは、生命保険信託という選択肢もあります。

事前に親が、毎月や毎年いくらと支払額を決めておくことができ、3年に1回や成人した時にはある程度まとまった金額を受け取れるよう金額も変えられます。

判断能力がないのではなく、お金にルーズな相続人がいる場合にも、こういった生命保険信託や年金受取型の保険を活用するのもよいと思います。

きめ細かい受取り方ができる、これらのしくみも是非、保険業の方から情報を仕入れて提案に加えると喜ばれるのではないでしょうか？

筆者の造語ですが、

**「生命保険8つの力®」**は相続対策で大きな力となりますよ。

（一橋　香織）

**第3章**

# 相続コンサルタントを中心とした チームワークの 大切さ

# 専門家との連携とそれぞれのメリット・デメリット

　この章では、士業ではない相続コンサルタントが相続対策の司令塔となり、どのようにチームワークを発揮していくのかを具体的に見ていきましょう。

　特に士業ではない相続コンサルタントがなぜ、司令塔として重要な役割を果たすのかを、順を追って詳しく解説します。

　まず、家族信託を組成するためには、士業をはじめとした専門家がそれぞれの役割を明確にしながら力を合わせることが重要です。では、具体的にどのような専門家が必要になってくるのでしょうか。

 弁護士

　家族信託に関する法的な問題やリスクを理解し、相続トラブルの対処やトラブルの回避などトラブルに関する交渉や、万が一訴訟が起こった際には手続きなどを一任できます。

　家族信託を弁護士に依頼する際のメリットには、以下のような点があります。

① 専門知識と経験……弁護士は法律の専門家であり、家族信託に関する豊富な知識と経験を持っています。適切なアドバイスを受けることで、トラブルを未然に防げます。

② 法的な安心感……弁護士が関与することで、契約書や手続きが法的に適切であることが保証されます。万が一の際にも、法的なサポートが受けられます。

③ 法的文書の作成……契約書や信託文書の作成において、法的な知識を持っているため、適切な内容で作成できます。

④ トラブルの解決……家族間でのトラブルや意見の対立がある場合

でも、中立的な立場で調整役となり、円滑に進められるようサポートしてくれます。

次に、弁護士に依頼する際のデメリットには、以下のような点が考えられます。

① 費用がかかる……弁護士の専門的なサービスには相応の報酬が必要です。初期費用や継続的な費用が高くつくことがあります。

② 依頼内容の理解が必要……家族信託の目的や内容を正確に伝える必要があり、クライアントが法律や信託のしくみを理解していないと、思ったとおりのプランができないことがあります。

③ 時間がかかる場合がある……弁護士とのやり取りや契約書の作成には時間がかかることがあります。急いでいる場合には、スケジュールに影響を及ぼす可能性があります。

④ 専門性の違い……弁護士によって専門分野が異なるため、信託に関する知識が豊富でない場合、最適な提案ができないことがあります。事前に専門性を確認することが重要です。

⑤ 感情面の配慮が不足する場合も……家族信託は感情的な側面が多い案件です。法律的な視点に偏りすぎると、家族の感情や関係性を十分に考慮できないことがあります。

## 2 司法書士

家族信託契約書の作成はもちろんですが、信託登記は不動産登記の手続きの中でも専門的な知識が求められるため、司法書士への依頼が安心できます。

家族信託を司法書士に依頼する際のメリットには、以下のような点があります。

① コストが比較的安い……弁護士に比べて報酬が低く設定されていることが多く、費用を抑えやすいといえます。

② 手続きの専門家……司法書士は不動産や登記に関する専門家であり、信託財産に不動産が含まれる場合、スムーズに手続きを行えま

1／専門家との連携とそれぞれのメリット・デメリット　85

す。

③　迅速な手続き……信託設定や登記の手続きを専門に行っているため、迅速に進められます。

④　手続きの代行……面倒な手続きや書類の作成を代行してくれるため、クライアントは負担を軽減できます。

⑤　アフターフォロー……信託の運用後も、必要に応じて登記や手続きのサポートを受けられることがあります。

デメリットは、以下のとおりです。

①　法律全般の専門家ではない……司法書士は法律の専門家ですが、弁護士ほどの幅広い法的アドバイスができないことがあります。特に紛争問題が絡む場合は、弁護士の助言が必要です。

②　税務面の知識が不足することも……税務や相続税の詳細なアドバイスを提供できない場合があります。そのため、税理士と連携することが重要です。

③　トラブル解決能力の限界……家族間でのトラブルや感情的な対立に対する調整役としては、弁護士に比べて役割が限られることがあります。

④　信託に関する知識の差……司法書士の中でも、家族信託に特化した経験や知識がない場合があるため、事前に確認が必要です。

## 3 　行政書士

弁護士以上に家族信託に精通している行政書士も多く、また書類作成のプロであるため、公正証書などの書類作成を一任することで、スムーズに手続きを行うことができます。

以下のようなメリットがあります。

①　コストが比較的安い……行政書士の報酬は一般的に安価である場合が多く、費用を抑えることができます。

②　書類作成の専門家……行政書士は各種書類の作成や手続きに特化しているため、信託契約書などの法的文書を適切に作成できます。

③ スムーズな手続き……書類作成や申請手続きを効率よく進めてくれるため、手続きがスムーズに行えることが期待できます。

④ 家族信託に特化したアドバイスが受けられる……契約書作成に関しては、弁護士以上に特化した知識をもっている方もいます。そのため、特化したアドバイスを受けることができる場合があります。

一方、デメリットは以下のとおりです。

① 法的アドバイスの制限……行政書士は弁護士と違って法的アドバイスが限られています。複雑な法律問題についての相談には応じられないことがあります。

② 税務に関する知識が不足……税務や相続税に関する詳細なアドバイスが提供できないため、必要に応じて税理士と連携することが重要です。

③ トラブル解決の難しさ……家族間のトラブルや感情的な対立に対して調整役としての役割が限られることがあります。

④ 業務範囲の制限……行政書士は登記業務や裁判業務を行うことができないため、信託設定後の手続きに関しては他の専門家に依頼する必要があります。

# 4 税理士

税理士は、信託に関連する税金や相続税のアドバイスを行います。信託設計においては、税負担を最小限に抑えるための戦略が必要です。また、事業継承や株式譲渡などオーナー社長の家族信託では、特に税理士のノウハウが頼りになるでしょう。

税理士に依頼するメリットは、以下があります。

① 税務の専門知識……税理士は税務に関する専門家であり、相続税や贈与税などの税負担を最小限に抑えるための具体的なアドバイスを受けられます。

② 税務申告のサポート……信託設定後の税務申告や、信託財産に関する税務手続きについてもサポートしてもらえるため、安心です。

1／専門家との連携とそれぞれのメリット・デメリット　87

③　財産管理のアドバイス……信託に関連する財産の管理や運用に関して、実務的なアドバイスを受けることができます。

④　総合的なプランニング……家族信託だけでなく、全体的な資産管理や相続税対策プランニングについても包括的にアドバイスを受けられます。

デメリットとしては、以下のとおりです。

①　法律面での制約……税理士は税務の専門家であるため、信託契約や法的手続きに関しては弁護士・司法書士・行政書士に比べてアドバイスが限られます。

②　手続きの代行が難しい……契約書の作成や信託設定に関する手続きは他の専門家が担当することが多く、手続きに関しては税理士だけでは完結しないことがあります。

③　費用が発生する……税理士の報酬も決して安くはないため、比較的コストが高くなることがあります。

④　専門性の差……税理士によって家族信託に関する知識や経験に差があるため、依頼する前にその専門性を確認することが重要です。

⑤　複雑な状況への対応……特殊な家族状況や複雑な資産構成の場合、税務面だけでは対応できないことがあります。全体のプランを考慮するためには、他の専門家との連携が必要です。

# 5 　ファイナンシャルプランナー（FP・IFA）

　ファイナンシャルプランナー（FP・IFA）は、信託財産の管理や運用方法についてアドバイスし、クライアントの長期的な資産形成をサポートします。

　ファイナンシャルプランナーに依頼するメリットは、以下のとおりです。

①　総合的な資産管理……ファイナンシャルプランナーは、資産全体を俯瞰して管理する専門家です。財産管理についてさまざまなアドバイスが期待できます。

88　第3章／相続コンサルタントを中心としたチームワークの大切さ

② ライフプランに基づくアドバイス……クライアントのライフプランや将来の目標に応じた適切な信託の設計を行うことができます。

③ リスク管理……投資や資産運用に関するリスクを考慮した上で、信託の設計や資産配分のアドバイスが受けられます。

④ 長期的な視点での支援……家族信託だけでなく、将来的な資産形成や相続に関する長期的なサポートを受けられます。

　一方、デメリットは以下があります。

① 専門知識の限界……ファイナンシャルプランナーは税務や法律の専門家ではないため、特定の法的なアドバイスや税務申告に関しては限界があります。

② 契約書の作成ができない……信託契約書の法的文書を作成することはできないため、他の専門家と協力する必要があります。

③ コストがかかることも……ファイナンシャルプランナーのサービスには費用がかかるため、依頼する際はその点を考慮する必要があります。

④ 専門性の差……ファイナンシャルプランナーによって得意分野や経験が異なるため、依頼する前にその専門性を確認することが重要です。

⑤ 個別のニーズへの対応の限界……特殊な家族状況や複雑な資産構成の場合、ファイナンシャルプランナーだけでは十分な対応ができないことがあります。

## 6　不動産業

　財産に不動産が多い場合には家族信託を検討することが多いため、不動産業も大切な役割を果たすことがあります。

　不動産業に依頼するメリットとしては、以下が挙げられます。

① 不動産の専門知識……不動産業者は不動産に関する専門的な知識を持っており、信託に関する不動産の評価や管理方法について的確

1／専門家との連携とそれぞれのメリット・デメリット　89

なアドバイスを受けられます。

② スムーズな手続き……不動産の売買や登記に関する手続きに精通しているため、信託設定に必要な手続きをスムーズに進めることができます。

③ 市場価値の把握……不動産市場に関する情報を持っているため、信託財産としての不動産の市場価値を適切に評価できます。

④ 資産運用の提案……不動産投資や資産運用に関するアドバイスが受けられ、信託財産の最適な管理方法を提案してもらえることがあります。

⑤ ネットワークの活用……不動産業者はさまざまな専門家とつながりがあるため、必要に応じて他の専門家を紹介してもらえることがあります。

デメリットには、以下があります。

① 法律や税務の専門家ではない……不動産業者は法律や税務に関する専門知識が限られているため、信託契約の法的アドバイスや税務面のサポートが不十分な場合があります。

② 信託の全体的な設計に関する制限……家族信託の全体的な設計や、感情的な側面への配慮が不足することがあるため、他の専門家との連携が必要です。

③ 依頼する業者による差……不動産業者の経験や専門性に差があるため、依頼する前にその信頼性や実績を確認することが重要です。

④ トラブル解決の難しさ……家族間の感情的なトラブルや調整に対する対応が弱い場合があるため、問題が発生した際には他の専門家の協力が必要です。

（一橋　香織）

# 2 相続コンサルタントの役割

家族信託を組成し、また組成後もフォローしていくには、さまざまな士業や専門家が必要であることは理解いただけたと思います。

同時に、どの専門家も単独で業務を行うことが難しい点もポイントです。

しかし、相続コンサルタントが司令塔となり、弁護士、税理士、ファイナンシャルプランナー、不動産業者などの専門家とチームを組むことで各分野の専門知識を統合し、クライアントに対して包括的なアドバイスが提供できます。これにより、より効果的で適切なプランニングが可能となります。

では、ここからは事例を交えて、相続コンサルタントがどのように司令塔の役目を果たすのかを見ていきましょう。

### 渡辺家のケース

■終活のためにエンディングノートのセミナーに出たら、財産管理が心配に……

・相談者　渡辺晴美さん（79歳）：アパート経営
・対応した専門家　相続コンサルタントA、司法書士B、不動産業者C、ファイナンシャルプランナー（保険活用が得意）D
・財産内容　アパート1棟、自宅、現預金7,000万円
・家族構成　同居している長男・俊夫さん（55歳）と俊夫の妻・祐子さん（53歳）、他県に住む長女・佳美さん（52歳）

（相談内容）

渡辺晴美さんは相続コンサルタントAが定期的に開催するエン

ディングノート作成セミナー（全6回）の受講者。終了後、しばらく経った頃に有料相談に訪れました。

相談内容は、夫が亡くなった際に相続した築20年のアパートの管理をして家賃収入で生活しているが、認知症になったときにアパートの管理や修繕などをどうしたらよいか心配とのこと。また、同居している長男夫婦には、介護となった際はできるだけ自宅で面倒をみてほしいが、最終的には有料老人ホームに入りたい。その費用はアパートを売却した代金で賄いたいが、いくらくらいで売れるのかも知りたいということでした。

そこで、市役所の相談員だった弁護士のところに相談に行ったそうですが、受託者・受益者・身上監護など難しい用語がたくさん出てきて理解できなかった上に、「不動産の査定は専門外だから、自分でどこか不動産屋に行って査定してもらってくれ」と言われました。途方に暮れていたら、AからのLineが届き、相続相談も乗れると書いてあったので、Aに相談してみようと思い、有料相談を申し込んだというわけです。

■ 図表3-2-1　家族関係図

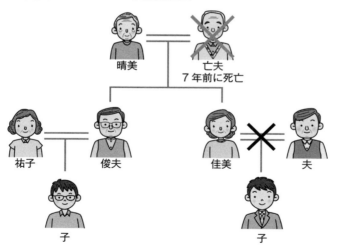

## (1) 方針とチーム編成

　渡辺家のケースでは、アパート1棟の管理を俊夫さんに任せ、介護状態になった際はできるだけ自宅で祐子さんの世話になり、介護状態が進めばアパートを売却して有料老人ホームに入りたいと希望しています。

　さらにヒアリングを続けると、売却して余った資金と現金は俊夫さんと佳美さんで仲良く分けてほしいという希望を持っており、さらに自宅は俊夫さんに相続させたいと考えているようでした。

　心配なのは、離婚して派遣社員として働いている佳美さんのことで、できれば少し多めに現金を渡したいそうです。

　そこで、まずは以下を提案することにしました。

① 家族信託
② 委任及び任意後見契約
③ 生命保険契約
④ 不動産の査定
⑤ 公正証書遺言


### ＜チーム編成＞

■相続コンサルタントA

　士業の紹介及び相談者のフォローと実際に受任した場合の司令塔役を行います。

■司法書士B

　Aを入れて相談者と打合せをし、委任及び任意後見契約・家族信託・公正証書遺言の作成を行い、家族信託組成に当たっては不動産の信託登記手続業務を担当します。

■不動産業者C

　不動産を売却した場合の査定を行い、Aと情報共有をします。場合によっては、相談者宅にA同行の上で説明に行きます。

■ファイナンシャルプランナーD

　AとともにＡ相談者にヒアリングと説明を行い、長女を受取人とした一時払終身保険の提案と契約を行います。

■その他

　相続税の試算や相続税対策が必要となる場合を想定し、その場合には税理士にも依頼をします。

## (2)　解決までの手順

### ①　初回相談

　まずは、Ａだけで渡辺さん宅を訪問。

　エンディングノートに書かれた内容を見せてもらい、晴美さんの想いと希望を再確認します。

　これを見ると、渡辺さん一家がとても仲良く、嫁である祐子さんとの関係性も良好であることが分かります。離婚した佳美さんのことが心配なことと、祐子さんにも少しは財産を遺してあげたいと思っていたことも分かりました。

　そこで、生命保険の活用についても軽く説明をし、家族信託や公正証書遺言といった制度を利用すれば想いが実現する可能性が高いことを専門用語は用いずに説明したところ、分かりやすいと褒めていただきました。

　晴美さんはＡ主催のセミナーに参加していたこともあり、信頼関係はこの時点で十分にできています。さまざまな専門家とのチーム編成を含め、全面的に任せていただくことになりました。

### ②　チーム編成・打合せ

　Ａは家族信託を多く手掛けている司法書士Ｂに連絡をし、Zoom で経緯説明と相談内容を共有します。

　また、同時に相続案件の売却に強い不動産業者ＣとＡの勉強会によく参加する、保険代理店勤務のファイナンシャルプランナー Ｄにも連絡をし、全員で２度ほど Zoom 打合せをしました。

　その結果、他に必要な情報や資料などの一覧表をそれぞれから文書

でもらうことにし、取りまとめたものを A が晴美さんに説明に行くことになりました。

③　家族を入れて経緯説明

　家族信託の組成には家族の協力が不可欠なことは説明済みだったため、2度目の訪問時には俊夫さん夫婦にも参加してもらい、司法書士 B とともに説明しました。

　その際に、B・C・D から指示された以下の書類を持参しました。

☑個人情報取扱説明書
☑業務依頼書
☑ヒアリングシート
☑必要書類一覧書
☑預かり書
☑報酬見積書（A 及び B）

　司法書士 B から晴美さんの希望を叶えるために必要な制度の説明を行ってもらい、A は時々晴美さんや俊夫さん夫婦の理解度を確認し、B の専門用語をかみ砕いて、時に図解して補足説明をしました。

　その結果、俊夫さん夫婦にも理解を得ることができたようです。その場で預かれる書類は預かり、その上で見積書を提示したところ、受任となりました。

　財産額は概算のため、金額が変わる場合は再見積りすることも説明し、納得していただきました。

④　委任契約・任意後見契約・家族信託・公正証書遺言の説明

　晴美さんの希望に沿った内容とするため、何度かチームで Zoom 打合せを重ねます。

　預った資料をもとに、C は市場での流通価格や現地調査を行い、現時点で売却した場合のアパートの金額を査定書にまとめました。D は A のヒアリングの内容を受け、祐子さんに 1,000 万円、佳美さんには 2,000 万円の一時払終身保険の設計書を作成します。

2／相続コンサルタントの役割　95

初回打合せから1か月後、再度司法書士Bとともに晴美さんを訪問。この際も俊夫さんには同席してもらいました。

司法書士から、晴美さんの希望を反映させるためには、家族信託でアパートの管理を俊夫に任せることができるようにすることと、介護状態や認知症で判断能力がなくなった際に身の回りの世話を祐子さんができるように委任契約・任意後見契約が必要なこと、財産を晴美さん亡き後に希望どおりに分けるために公正証書遺言を作成することなどを説明しました。一度にいろいろな制度の説明は疲れるため、2度目にはまだ、保険契約の話は保留とし、不動産業者Cから預かった査定書だけを最後に置いて帰りました。

⑤　俊夫さんとZoomで打合せ

その後、俊夫さんからZoomで打合せがしたいと連絡があり、3回ほどZoomで不動産業者C、ファイナンシャルプランナーDも入れて説明や打合せを行いました。

3度目には晴美さんと佳美さんも入って説明を行いました。

⑥　3度目の訪問

晴美さんの希望を反映させた最終案をもって、司法書士Bと訪問。

少しその場で訂正があったものの、ほぼOKが出て、次回はいよいよ公証役場での作成となりました。

また、公正証書遺言の遺言執行者には相続コンサルタントAと司法書士Bが共同で受任することになりました。

⑦　公正証書の作成・登記

相続コンサルタントAと司法書士Bは、公証役場にて、晴美さんと俊夫さん夫婦に、家族信託契約（委託者：晴美さん、受託者：俊夫さん、受益者：晴美さん）、委任契約、任意後見契約（委任者：晴美さん、受任者：祐子さん）及び公正証書遺言（遺言執行者：A・B）を作成してもらい、無事完了しました。

家族信託に基づく不動産の信託登記はBが行い、こちらも完了となりました。

## (3) 解決までのポイント

① 専門用語を使わない説明

相続コンサルタントAは難しい専門用語をなるべく使わず、「家族信託は家族を信じて任せる制度」などと言い換えて説明を行いました。佐藤さんや長男夫婦がきちんと理解しているか途中で質問を挟んだりして理解度の確認もしました。

また、説明のたびに備忘録を作成し、読み返すことで、どのような説明をしたのかが分かるように可視化しました。

② 専門家チームの指令塔としてすべての内容を掌握

すべての打合せに同席し、また、必要書類などの取りまとめやコンプライアンスに抵触しない部分についての説明の代理などを行うことで、相談者が混乱しないよう努めました。

そのために専門家同士での打合せも頻繁に行いました。

③ エンディングノートを使用して想いの棚卸し

エンディングノートを使用して、晴美さんが何を大切にしてきたのか、今後どうしていきたいのかの確認を丁寧に行い、想いを実現するために寄り添いました。そのこともあって、晴美さんとご家族からの信頼を深めることができ、遺言執行者の依頼も受けることになりました。

## (4) そ の 後

すべてが完了した後、改めて保険契約の説明のため、ファイナンシャルプランナーDとともに晴美さんを訪問しました。Dの説明に補足やアドバイスを入れて晴美さんが理解できるようにサポートしました。

その結果、祐子さんを受取人として1,000万円、佳美を受取人として2,000万円の一時払終身保険契約を締結していただけることととなりました。

今後は税理士を紹介して、相続税の試算や相続税対策なども提案することになりそうです。

(一橋　香織)

# 3 チームワークの大切さ

　事例も含めて、相続コンサルタントを中心としたチームワークの大切さは理解いただけましたでしょうか？

## (1)　専門知識の統合

　相続コンサルタントが弁護士、税理士、ファイナンシャルプランナー、不動産業者などの専門家と連携することで、各分野の専門知識を統合し、クライアントに対して包括的なアドバイスが提供できます。これにより、より効果的で適切なプランニングが可能となります。

## (2)　包括的なアプローチ

　チームアプローチにより、法律、税務、資産管理、家族の状況など多角的に考慮されたプランが立てられます。これにより、家族信託の設計や実施が一貫して行えるため、長期的な視点での成功が期待できます。

## (3)　リスクの軽減

　各専門家がそれぞれのリスクを把握し、適切な対策を講じることで、法的トラブルや税務上のリスクを事前に回避することが可能です。相続コンサルタントが全体を見渡し、調整を行うことで、リスク管理が強化されます。

## (4)　効率的なコミュニケーション

　相続コンサルタントが中心となり、専門家同士のコミュニケーションを円滑にすることで、情報の共有や調整がスムーズになりま

す。これにより、クライアントにとっての負担が軽減され、迅速な対応が可能となります。また、クライアントも専門用語を分かりやすく説明してもらえるため理解度が深まります。

## (5) 家族の感情面への配慮

相続対策は感情的な要素が多く絡みます。相続コンサルタントが専門家とともに家族の状況を理解し、適切な対話を促進することで、感情的なトラブルを軽減し、円滑なコミュニケーションをサポートします。

## (6) 一貫したアフターフォロー

信託設定後も、専門家チームが連携してアフターフォローを行うことで、変化する家族の状況や法律の改正に応じた適切な見直しが可能です。これにより、長期的な信託運用がサポートされます。

## (7) 教育と啓発の強化

チームでの相談により、クライアントは異なる専門家から多角的な視点での教育や啓発を受けられます。これにより、相続や家族信託についての理解が深まり、納得のいく意思決定ができるようになります。

相続コンサルタントが専門家とチームを組むことで、クライアントはより安心して相続対策の相談ができ、複雑な問題に対する最適な解決策が得られるようになります。これは家族の将来を守るために非常に重要なアプローチだと思われます。

これらの観点から、相続コンサルタントの果たす役割は大きいといえるでしょう。

(一橋　香織)

## Column

# 背中を預けられる仲間はいますか？

　相続の仕事は一人ではできないことは、皆さんもご存知だと思います。たとえ士業者だとしても、一人ですべてを完結させるのは不可能ではないでしょうか？

　ただ、そうはいっても、誰でもいいわけではありません。人となりや仕事ぶりがある程度分かっていないと、チームを組んで仕事をするなんて怖くできません。

　筆者がまだ駆け出しの頃、異業種交流会で知り合ったばかりの士業者や不動産業の方とチームを組んだことがあります。士業者はあまりに横柄な態度で顧客を怒らせてしまうし、不動産業は囲い込みをして、他者に物件情報を流さず、自社の利益だけを追求され、顧客に迷惑をかけました。結果、顧客に平謝りに謝ることになりました。

　もちろん、筆者が‼です。

　「人を見る目がないんじゃないか？」と言われてしまい、返す言葉もありませんでした。

　それ以来、誰と組んで仕事をするか、非常に慎重になりました。

　今は安心して背中を預けられる相続のエキスパートがたくさんいます。この仕事をする上で、これはとても大切だと思います。

　皆さんも是非、そんな仲間を作ってください。

　**「私の仲間を選ぶことは、私の運命を決めることに等しい。（エイブラハム・リンカーン）」**

（一橋　香織）

第4章

# 家族信託による
# 解決事例

# 1 金銭管理型信託の解決事例

　ここからは家族信託による具体的な解決事例を紹介いたします。

　本章では、上記**第2章 1**「家族信託が必要なケース」をもとに、家族信託による対策だけでなく、家族信託以外の相続対策などの組合せも含めた内容となっています。

　本書では、家族信託を中心とした内容になっていますが、相続対策は家族信託だけでは解決できない問題も多く存在しています。他の相続対策と組み合わせることで、相談者の問題に対してより有効的な対策をすることができます。

## 山本家のケース

　山本家は、父親の邦彦さん（88歳）、母親の一枝さん（85歳）、長男・達彦さん（57歳）、長女・夏子さん（54歳）の4人家族です。邦彦さんが病気で入院してしまい、自宅には一枝さんが一人で暮らしています。

　達彦さんは結婚して少し離れた場所で暮らしています。夏子さんも結婚していますが、実家の近くに暮らしていることもあり、1人で暮らしている母の手伝いをしています。

　一枝さんは、自分でお金を管理することに不安があり、夏子さんに銀行の通帳やキャッシュカードを預けています。足腰も弱ってきているため、生活費や諸経費の支払いなどが必要な場合には、夏子さんにお願いをしてお金の管理してもらっています。

　このように、夏子さんが一枝さんから預かっているキャッシュカードから生活費を引き出して渡すことや、委任状を使って銀行で支払いのために振込みなどをしている状況です。

■ 図表4−1−1　現　状

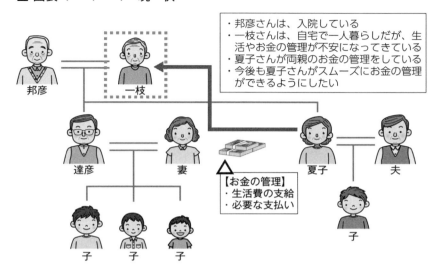

　しかし、一枝さんの物忘れが少しずつ多くなってきていることなどを考えると、今後も同じように管理をしていくことができるのか不安になっていました。一枝さんは、夏子さんを信頼しているので何か対策が可能であれば、夏子さんが継続的にお金の管理ができるようにしておきたいと考えています。
　そこで、まずは夏子さんだけが相続対策専門のコンサルタント事務所を訪問し、相談することになりました。

■ 図表4−1−2 長女への確認事項（家族状況・財産状況）

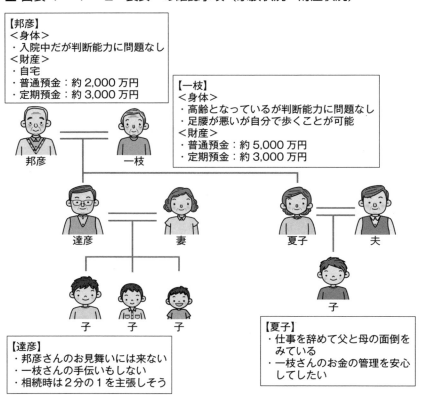

 状況の把握

(1) 家族状況

＜邦彦＞

　入院中とのことでしたので、現在の病状などを確認しました。命に別状はなく、意識もはっきりしているようです。家族関係と財産状況によっては、一枝さんだけではなく邦彦さんの相続対策が必要となる

可能性があるため、このような確認を行いました。邦彦さんの相続対策が必要であった場合には、病状によっては早急に対応が必要となる可能性や、意識がなければ相続対策が不可能ということが判断できます。

<一枝>

物忘れと足腰の状況を確認したところ、高齢者として一般的な状態であることや、足腰についても特に歩けないということではないことを確認しました。認知症であれば、そもそも一枝さんの相続対策ができないということや、足腰が悪く外出が難しい場合には、今後の面談場所や公正証書が必要な場合、出張での対応が必要となるため、このような確認をしています。

<達彦>

妻、子3人と車で約1時間程度の場所で暮らしています。家族関係は悪くないようですが、父のお見舞いに来ることも少なく、妹の夏子さんとしては少し不満を持っていることが確認できました。これは、相続対策に伴って、将来的に争いが生じる可能性があるかを確認するものです。

<夏子>

夫、子1人と自宅から車で数分の場所で暮らしています。夏子さんは、父と母の身の回りのことをすべて1人で手伝っているようです。父が入院してからは、手伝いをする機会が増えたため、働いていたパートを辞めていることが確認できました。また、お金の管理以外については、特に困ったことはないとのことです。この確認により、現状でどこまでのことができていて、何に困っているのかが分かります。

## (2) 財産状況

<邦彦>

主な財産は、自宅不動産と預貯金（普通預金：約2,000万円、定期預金：約3,000万円）であることを確認しました。不動産は、本人と

妻が生きている間に売却するつもりはありません。生活費や各種の支払いについては、年金の受給により今後も困ることはないようです。銀行の預貯金は、夏子さんが通帳やキャッシュカードを預かって管理しています。これは、自宅の管理や処分について、また、預貯金に関する邦彦さんの相続対策を検討するべきかの確認です。

＜一枝＞

主な財産は、預貯金（普通預金：約 5,000 万円、定期預金：約 3,000 万円）であることを確認しました。親からの相続によりお金を十分に持っているため、邦彦さんのお金に頼ることなく自身のお金で生活をしているとのことです。また、銀行の預貯金については、邦彦さんと同様に夏子さんが通帳やキャッシュカードを預かって管理しています。これは、当初の相談である預貯金の管理について以外に、相続対策を検討するべきかの確認です。

## (3) 父と母の意向

邦彦さん、一枝さんともに長女を信頼しており、現在も財産管理や身の回りのことのほとんどを任せています。邦彦さんは入院中ということもあり、必要ならば相続対策をしたいと思っていますが、落ち着いてから考えたいとの意向もあるようです。そのため、まずは一枝さんの預貯金について、夏子さんが安心してお金の管理ができるようにしたいとのことでした。

また、一枝さんが亡くなった場合には、いつも手伝いをしてくれている夏子さんに、少し多めにお金を相続させたいとの意向があることを確認しました。しかし、夏子さんとしては、達彦さんより多くお金を相続することで争いになるのでは……と懸念していました。これは、お金の管理だけでなく、他にも相続対策が必要となるかの確認をしています。

## 2　相続対策の検討

　前記の確認により、お金の管理以外では困っていないことが確認できました。そのため、現状では後見制度の活用は検討せず、金銭管理型の信託を進めていく方向で検討をすることになりました。

　なお、信託は、信託財産についての対策に限られます。病院や施設への入所などで困っていることがある場合には、後見制度の活用も検討するべきことになります。

## 3　信託組成における検討事項

```
(1)  委託者・受益者  ➡  一枝
(2)  受託者  ➡  夏子、後継受託者  ➡  要検討
(3)  信託財産  ➡  現金：要検討
(4)  信託の終了事由  ➡  一枝の死亡
(5)  残余財産の帰属  ➡  要検討（達彦・夏子で各2分の1？）
```

　スムーズに信託の組成を進めるため、以下に代表的な検討事項を記載します。

### (1)　委託者・受益者

　一枝さんが財産を託したいので、一枝さんが委託者となります。また、この財産を一枝さんの生活、介護、療養等に使用するための信託ですので、一枝さんが受益者となります。

　なお、上記は委託者＝受益者となる自益信託です。これとは異なり、受益者を一枝さん以外の第三者にする場合には、他益信託となります。例えば、委託者を一枝さんとし、受益者を邦彦さんとするような場合です。このような場合には、信託開始時に受益者へ贈与税が課税されるので注意が必要です。信託の税務については、下記**第5章**

1／金銭管理型信託の解決事例　107

を参考にしてください。

## (2) 受 託 者

　一枝さんが財産を信じて託したいのは夏子さんなので、夏子さんが受託者となります。信託は、この受託者が大きな役割を担う重要な人物となります。そのため、受託者が死亡するなどで義務を果たすことができない最悪のリスクを考えて、後継受託者を指定しておくことが望ましいでしょう。現在の確認事項では、一枝さんや夏子さんからこのような話はありませんでした。そのため、相続コンサルタントは、受託者である夏子さんに万が一のことがあった場合について、確認しておくことが必要となります。

　後継受託者については、家族関係を考えると夏子さんの夫又は達彦さんが候補として想定されます。夏子さんに確認をしたところ、夏子さんの夫には家族のことで負担をかけたくないとのことでした。そのため、達彦さんを後継受託者として指定するかを検討することになりました。

　信託契約書の作成時には、委託者である一枝さんと受託者である夏子さんによって契約が成立します。そのため、後継受託者については、信託契約の内容を把握しておく必要はありません。また、契約時に同席する必要もありません。しかし、受託者である夏子さんに万が一のことがあった場合には、信託を引き継ぐ重要な人物となります。スムーズに信託契約を引き継ぐためにも、あらかじめ内容を理解し、同意をもらっておくことが望ましいでしょう。そのため、一枝さんには達彦さんを後継受託者とすること、達彦さんには後継受託者に指定しておくことを理解してもらうよう配慮が必要です。また、信託の組成を進めていく場合には、達彦さんにも面談に同席をしてもらう必要があることをお伝えしました。

## (3) 信託財産

　一枝さんが夏子さんへ信じて託す財産は、お金になります。そのた

め、具体的に信託する金額をいくらにするか、その管理方法を検討する必要があります。夏子さんに確認したところ、信託をする金額については、一枝さんはすべての預貯金を信託したいと考えているとのことでした。また、管理方法ですが、今回の相続対策の目的は、夏子さんが継続的にお金の管理ができるようにすることです。そのため、上記**第2章 7 1**「金銭管理型信託」で解説したように、銀行で信託専用口座を開設して管理を行うことにしました。

このように信託専用口座を開設する場合には、信託契約の成立後に現在の預金口座から信託専用口座にお金を移す必要があります。信託する金額によっては、定期預金の解約を行う必要があるかもしれません。しかし、一枝さんが定期預金を解約したくないという場合には、信託を組成することが難しくなります。こちらについても一枝さんに確認をしていただくようにお伝えしました。

そして、信託契約が成立すると信託したお金は、受託者である夏子さんが信託専用口座で管理を行うことになります。つまり、すべての預貯金を信託した場合、一枝さんが自由に使うことができるお金はなくなり、夏子さんから支給をしてもらうことになります。一枝さんとして、自由に使うことができるお金を残したい場合には、すべての預貯金を信託するのではなく、必要な金額だけを信託する必要があることも検討していただくようにお伝えしました。

なお、一枝さんの判断能力に問題がない間は、信託契約が完了した後でも、追加でお金を信託していくことができるようにすることが可能であることを説明しました。

## ⑷　信託の終了事由

山本家のケースでは、一枝さんが亡くなったら終了とするというのが一番シンプルな終了事由です。しかし、一枝さんが亡くなったときに邦彦さんが存命だった場合には、残った信託財産について邦彦さんを受益者として信託を続け、邦彦さんも亡くなった時点で終了するということも可能です。

1／金銭管理型信託の解決事例　**109**

今回、邦彦さんについては、別途相続対策を検討しているため、一枝さんが亡くなった時点で信託を終了することになりました。

## (5) 残余財産の帰属

一枝さんが亡くなり、信託が終了した場合には、残ったお金を「誰が」「どのような割合で」受領するのかを検討する必要があります。山本家の場合、邦彦さんは自分自身のお金で問題なく生活できそうです。そのため、達彦さんと夏子さんでどのような割合で受領するのかを決めておかなければなりません。

上記 **1**(3)によると、一枝さんと夏子さんの気持ちがまとまっていない状況です。一枝さんとしては、夏子さんに少し多くの財産を渡したいと考えています。しかし、夏子さんとしては、達彦さんとの関係性を考えると各2分の1で受領するべきか、又は一枝さんの手伝いをしていることから多くを受け取ってよいのかを迷っているようでした。このことから、信託契約書の案文を作成する際には、とりあえず達彦さんと夏子さんが各2分の1を受領することで検討することにしました。ただし、一枝さんと夏子さんの想いを叶えることができるかどうかについては、信託以外の方法で検討をしていくことをお伝えしました。

すべての預貯金を信託しなかった場合には、信託以外の財産は相続財産となり、遺産分割協議の対象となります。夏子さんへ多くの財産を渡したい場合には、遺言書や保険等の活用が考えられます。この検討をするためにも、まずは信託するお金の金額を決めていただくようにお伝えしました。

### Advice

信託を組成する場合、多くの検討事項がありますが、「そもそも信託の組成が難しい」ということがよくあります。例えば、上記にもある「定期預金を解約したくない」「信託の終了時に残ったお金をどのような割合で引き渡すか決められない」などです。

110　第4章／家族信託による解決事例

相続コンサルタントは、信託を組成するためには最低限必要な事項として上記(1)から(5)の検討事項を確認するようにしましょう。もし、信託の組成が難しい場合には、別の相続対策で対応することになります。

# 4 検討事項の確認

(1) 委託者・受益者 ➡ 一枝
(2) 受託者 ➡ 夏子、後継受託者 ➡ 達彦
(3) 信託財産 ➡ 金額：3,000万円
(4) 信託の終了事由 ➡ 一枝の死亡
(5) 残余財産の帰属 ➡ 夏子・達彦で各2分の1

家族で話合いを行っていただき、信託を組成していくことで決定しました。ここからは、一枝さんから業務の依頼と必要書類をいただき、実際の信託契約書を作成する作業になります。その際、検討事項の中で決まった内容について、以下のような回答をいただきました。

## (1) 後継受託者

達彦さんと相談をした結果、夏子さんに万が一のことがあった場合には、達彦さんが後継受託者となることになりました。

## (2) 信託財産とする金額

現在、一枝さんの体調は問題がなく、自分自身で自由に使えるお金も確保したいとの意向となり、まずは3,000万円を信託財産とすることになりました。

なお、委託者である一枝さんに判断能力があるうちは、追加信託としてお金を追加できるよう、信託契約書に記載することにしました。これにより、信託中にお金が足りなくなりそうな場合には、追加でお金を信託することが可能になります。

1／金銭管理型信託の解決事例　111

## (3) 残余財産の帰属

　一枝さんと夏子さんで話合いをしていただき、信託が終了した時点で残ったお金については、達彦さんと夏子さんで各2分の1とすることになりました。

# 5 信託の組成

　上記までのことが決定したので、実際に信託の組成を行うことになりました。信託を組成する流れは、以下のとおりになります。

## (1) 信託契約書（案）の作成

　信託契約書（案）を作成し、内容を確認していただきます。このとき、一枝さん、達彦さん、夏子さんに面談へ同席していただき、確認作業を行います。信託に関係する者については、このように内容を理解していただくことで、信託の組成後のスムーズな実行とトラブル防止につなげることができます。

　信託契約書の案文は、専門的な用語が多く一般には難しい内容になっています。高齢になってきている一枝さんにも理解してもらいやすいよう、図表4－1－3のような図解を使って説明することで、理解していただきやすくなります。

## (2) 銀行による信託契約書（案）の確認

　信託契約書（案）の内容が決まったら、信託専用口座を開設する銀行へ信託契約書を提出し、銀行として信託契約書（案）の内容で信託専用口座が開設できるかを確認します。銀行により対応方法や口座開設の要件、口座開設までに要する時間が違います。そのため、信託専用口座の開設を検討する場合には、事前に銀行と打合せをしておく必要があります。また、契約の内容によっては、銀行から修正を求められることがあります。このようなことを考慮して、信託の組成までの

■ 図表４－１－３　信託の組成

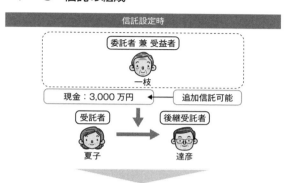

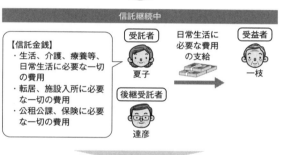

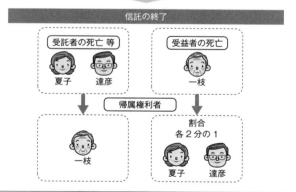

・目的：信託財産について、適正な保存、管理、運用、処分を通して、受益者の生涯にわたる安定した生活、介護、療養等を確保すること
・委託者 兼 受益者：一枝　・受託者：夏子　・後継受託者：達彦
・信託金銭：3,000万円
・残余財産受益者（受託者の死亡等）：一枝　・帰属権利者（受益者の死亡）：達彦、夏子で各２分の１

１／金銭管理型信託の解決事例　113

スケジュールは、余裕をもって計画するようにしましょう。

### (3)　公証人による信託契約書の確認

　上記**第2章 1 1**「金銭管理型信託」で解説したように、銀行で信託専用口座を開設する場合には、契約書を公正証書で作成することが要件となっていることがほとんどです。山本家のケースでも、契約書は公正証書で作成をすることになりました。

　銀行による信託契約書（案）の確認が完了したら、次は公証人による確認が必要になります。公証人へ信託契約書（案）を提出し、公正証書にする最終の調整となります。このときにも、公証人から修正を求められることがありますので、スケジュールに余裕をもって計画するようにしましょう。

### (4)　公証役場での調印

　公証人との最終調整が完了したら、信託契約公正証書の作成になります。委託者と受託者が公証役場にて、信託契約公正証書の最終確認を行い、間違いがなければ調印となります。これにより、信託契約公正証書が完成します。

### (5)　信託専用口座の開設

　信託契約公正証書が完成したら、この契約書を銀行へ提出して信託専用口座の開設となります。銀行により、受託者のみが窓口で口座開設が可能な場合や委託者と受託者の両名が窓口に来なければ口座開設ができない場合など違いがあります。こちらも信託専用口座を開設する銀行へ、必要書類とあわせて事前に確認しておくことで、スムーズに手続きを進めることが可能となります。

### (6)　信託専用口座への入金

　信託専用口座の開設が完了したら、信託するお金を入金します。このとき、あとで信託したお金の出金元が分かるように、振込みで対応

114　第4章／家族信託による解決事例

することが望ましいでしょう。信託契約は、信託契約公正証書の作成
が完了した時点で成立していますが、実務上ではこの入金が完了した
時点から、夏子さんによるお金の管理が開始されます。

## 6 信託以外の相続対策

　山本家のケースでは、信託の組成が完了した後、以下のような信託
以外の相続対策も進めていくこととなりました。

### (1) 定期預金の解約

　一枝さんが銀行に預託している定期預金について、今後も一枝さん
の判断能力がある間は、信託財産へ容易に追加できるよう、普通預金
にしておくことになりました。これにより、信託財産への追加以外に
も、キャッシュカードでの対応が容易に行えることになります。

### (2) 孫への生前贈与

　一枝さんとしては、夏子さんに少しでも多くの財産を渡したいとの
意向がありました。そのため、信託以外での相続対策を検討した結
果、孫である夏子さんの子に対して、贈与税のかからない範囲である
110万円以下の範囲で暦年贈与を行うことになりました。なお、夏子
さんではなく、孫に贈与をすることになったのは、相続税の対策につ
いても検討した結果になります。

　夏子さんへ暦年贈与をした場合、相続人である夏子さんには暦年贈
与の持戻しが適用されます。しかし、孫が一枝さんの相続時に財産を
取得することがなければ、孫には持戻しは適用されません。一枝さん
の財産状況から考えると、相続時に相続税が発生することが想定され
ます。このことから、孫への贈与を行うことで相続税の対策も含め、
夏子さんの家族へ少しでも多くの財産が残せるようにしました。

1／金銭管理型信託の解決事例　115

## (3) 遺言と保険の検討

### ① 遺言の検討

信託しているお金以外については、遺産分割協議が必要となることをお伝えし、遺言書の作成が必要となるかの確認をしました。夏子さんとしては、お見舞いなどに来ない達彦さんに不満はあるようですが、2分の1ではない割合で遺言書を作成してしまうと、争いに繋がってしまうことを懸念していました。そのため、相続時には改めて達彦さんと話合いをしたいとの意向があり、遺言書の作成は行わないことになりました。これについては、一枝さんとしても上記(2)の孫への暦年贈与で気持ちが叶うことが分かったので、ご理解をいただきました。

### ② 生命保険の検討

生命保険を活用して、夏子さんが少し多く財産を取得できる可能性

■ 図表4－1－4　信託以外の相続対策

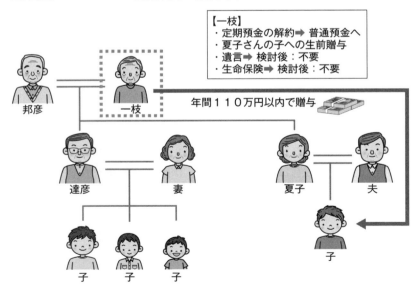

を検討しましたが、結果として生命保険は活用しないことになりました。

　山本家のケースのように相続税の申告が想定される場合、生命保険を活用するときには、注意をしておく必要があります。生命保険は相続財産ではなく、受取人固有の財産です。そのため、生命保険を活用して一部の相続人へ、多くの財産を渡すことはよくあります。しかし、相続税申告書に生命保険も「みなし相続財産」として計上することを考慮しなければなりません。つまり、相続人は、一部の相続人が死亡保険金を受け取っていることが分かってしまうのです。このことが発端となって、相続時に争いとなるケースもあります。

　もちろん、争いとなった場合でも、保険金は受取人固有の財産ですので、法律上の問題はありません。しかし、家族の気持ちとして争いを避けたいと考える場合には、本当に保険を活用するべきかを検討する必要があります。

# 信託の組成後

　数年後、一枝さんは判断能力が低下し、施設への入所が決まりました。このとき、一枝さんが生前から希望していた施設への入所となりましたが、信託をしていたことで入所時のお金をスムーズに支払うことができたとのことです。また、施設入所後の生活費その他の費用の支払いに関しても夏子さんが安心してお金の管理ができ、安定した生活の支援ができたようです。

　一枝さんが他界した後については、達彦さんと夏子さんで信託したお金以外の財産を2分の1とする話合いがまとまりました。これにより、今でも達彦さんと夏子さんの家族は、良好な家族関係が続いているようです。

　なお、最後までお見舞いや手伝いをしなかった達彦さんですが、夏子さんとしては大きな金額にはならなかったものの、孫への暦年贈与があったことで少し気分が晴れたとのことでした。この贈与について

は、今でも夏子さんの家族だけの秘密にしており、一枝さんからの贈り物として大切に使っているとのことです。

### ! Advice

　この山本家のケースは、信託を活用してお金の管理ができるようにしたいという、ごく一般的な事例です。しかし、家族の話を聞くと、それぞれに想いがあることが分かります。今回の相続対策で、すべての想いが叶ったかどうかは分かりません。しかし、信託の組成が完了した時、一枝さんが安心されたこと、一枝さんの相続が終わった後に夏子さんから感謝の言葉をいただいたことを考えると、相続対策として上手く機能したのではないかと思われます。

　相続コンサルタントは、信託や信託以外の相続対策など具体的な方法を検討することは重要ですが、家族の想いを聞き、なぜそのような想いになったのかを聞くことが最も重要なことだと考えます。納得のいかないことがあった場合、法律上の対策だけでは争いになってしまうケースも少なくありません。山本家のケースのように、100％の想いや願いが叶えられなくても、結果として「納得のいく不公平」となれば争いを避けることに繋がるのではないでしょうか。

（細谷　洋貴）

# 2 自宅売却型信託の解決事例

## 中村家のケース

　中村家は、父親の譲さん（91歳）、母親の幸子さん（90歳）、長男の亘さん（67歳）、次男の修さん（64歳）の4人家族です。譲さんと幸子さんは、譲さんの持ち家である自宅に2人で暮らしています。亘さんは、仕事の関係で遠方に住んでいて、あまり実家に帰って来ることができない状況です。修さんは、実家からそれほど遠くない場所に暮らしているため、父と母が困った場合には面倒をみに行っています。譲さんと幸子さんがともに高齢となってきたこともあり、夫婦で施設への入所を検討しています。施設入所後には、自宅を管理していくことが難しくなりそうです。そのため、施設入所後には、自宅を売却して生活費にしたいと考えています。

■ 図表4－2－1　現　状

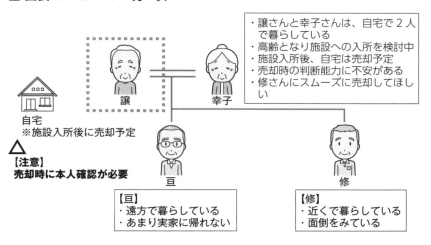

現在、譲さんの判断能力に問題はありません。しかし、自宅の売却がいつ頃になるか決まっていないため、売却までに判断能力がなくなってしまうことを心配しています。
　そこで、まずは修さんだけが当事務所へ相談に訪れました。

■ 図表４－２－２　次男への確認事項（家族状況・財産状況）

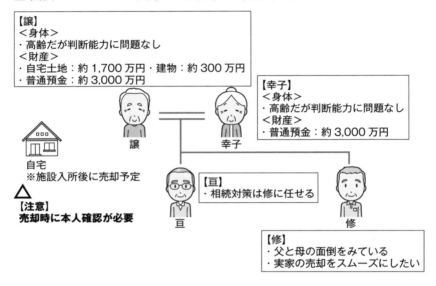

# 1　状況の把握

## (1)　家族状況

<譲>

　高齢になってきたことで、生活に不安が生じていますが、判断能力には問題がないことを確認しました。また、自宅の売却だけでなく、お金の管理についても検討していました。今後は、生活費その他の費用の支払いなどに必要なお金についても、次男に管理してほしいと考

え始めているようです。これは、譲さんの相続対策が自宅の売却だけでよいのかの確認です。

＜幸子＞

　譲さんと同様に、高齢になってきたことで生活に不安が生じていますが、判断能力には問題がないことを確認しました。また、自身についても、お金の管理について検討するべきかを悩んでいるとのことでした。これは、幸子さんについても相続対策の必要があるか、また、もし認知症であればそもそも相続対策ができないので、そのことの確認です。

＜亘＞

　家族関係に問題はないが、遠方に住んでいるために父と母の面倒をみるのが難しい状況とのことです。そのため、相続対策については、弟に任せる意向であることが確認できました。兄弟で相続対策についての方向性が違う場合は、争いとなる可能性があります。

＜修＞

　父と母の面倒をみることについては、特に負担とは思っていないとのことです。兄からは、相続対策について任せると言われていますが、どのようなことを進めるかは知らせておきたいそうです。父と母についても、相続対策の相談をしていることや対策の方向性について話をしており、了承を得ているとの確認ができました。父や母が相続対策を望まない場合には、対策を進めることはできないため、このような確認をしています。

## (2)　財産状況

＜譲＞

　主な財産は、自宅の不動産（土地：約1,700万円、建物：約300万円）と預貯金（普通預金：約3,000万円）であることを確認しました。必要であれば自宅を売却することにも同意しているとのことです。また、自宅を売却した場合の代金については、管理方法を検討しているとのことです。現在は、譲さん自身がお金の管理をしています

が、次男に任せてもよいと考え始めているようです。財産の管理をどのように行っているかを確認することで、修さんがどの程度の財産を把握しているかが分かります。預貯金の状況などを把握していない場合には、相続が発生した場合の調査が難航する可能性があります。

＜幸子＞

主な財産は、預貯金（普通預金：約3,000万円）であることを確認しました。幸子さんは以前に働いていたため、自身で預貯金があるとのことです。年金も支給されているため、譲さんのお金に頼ることなく生活をしています。また、自身で預貯金の管理をしていることを確認しました。これにより、譲さんだけでなく、幸子さんの財産についても相続対策を検討するべきかが分かります。

## (3) 父と母の意向

譲さん、幸子さんともに次男を信頼しており、今回の相続対策についても進めていきたいとのことです。施設入所を検討し始めていることから、なるべく早めに対策を進めていきたいそうです。また、譲さんと幸子さんが亡くなった場合の相続財産については、どのようにしたいという希望はなく、亘さんと修さんで話し合って決めてほしいとの意向があることを確認しました。これにより、他にも相続対策が必要となるかが判断できます。

## 2 相続対策の検討

上記の確認により、自宅の売却を早めに進めていく方向で検討をすることになりました。施設入所が決まった場合には、面会が制限される可能性があるためです。また、お金についても不安があるとのことでしたので、自宅とともに現金についても信託を検討していただくことにしました。

122 第4章／家族信託による解決事例

## 3 　信託組成における検討事項

> (1) 委託者・受益者 ➡ 譲
> (2) 受託者 ➡ 修
> (3) 信託財産 ➡ 自宅・現金：要検討
> (4) 信託の終了事由 ➡ 譲の死亡
> (5) 残余財産の帰属
> 　➡ ① 不動産売却が完了：要検討
> 　➡ ② 不動産売却が未了：要検討

　スムーズに信託の組成を進めるため、以下に代表的な検討事項を記載します。

### (1) 委託者・受益者

　譲さんが財産を託したいので、譲さんが委託者となります。また、この財産を譲さんの生活、介護、療養等に使用するための信託ですので、譲さんが受益者となります。

　自宅の売却が完了した場合には、売却で得たお金も信託財産として譲さんのために使用します。なお、お金についての信託は、上記 **1**「金銭管理型信託の解決事例」で説明していますので、ここでは省略します。

### (2) 受 託 者

　譲さんが財産を信じて託したいのは修さんなので、修さんが受託者となります。亘さんは信託された実家の売却やお金の管理について行うことが難しいとのことですので、後継受託者については指定をしないことになりました。なお、後継受託者については、上記 **1**「金銭管理型信託の解決事例」で説明をしていますので、ここでは省略します。

2／自宅売却型信託の解決事例　123

## (3) 信託財産

　譲さんが修さんへ信じて託す財産は、自宅とお金になります。このように自宅である不動産を信託する場合には、同時に不動産の管理を行うためのお金も信託するのが一般的です。管理費用としては、固定資産税や損害保険などが代表的なものです。このような管理を行うためのお金については、あまり大きな金額になることはありません。例えば、年間20万円程度の支出が想定される場合には、10年分の管理費用として信託しておくとすると、200万円になります。

　ただし、信託したお金は、足りなくならないように少し余裕をもった金額とすることが望ましいでしょう。信託財産と受託者の個別の財産が混同してしまいかねないためです。なお、中村家のケースでは、お金の管理についても不安を感じているとのことでしたので、譲さんの生活費も含めて信託する金額を検討していただくことにしました。

　お金については、金額以外にも管理方法を検討する必要があります。中村家のケースでは、譲さんが高齢であり信託期間が短くなることが想定されることや、早めに対策を進めたいという希望がありました。そのため、今回は受託者名義で信託に使用する口座を開設して管理を行うこととしました。これにより、信託契約書についても公正証書ではなく、私文書で作成を行うことになりました。

　なお、このように信託専用口座を開設しない場合には、上記**第2章 1**「家族信託が必要なケース」で解説したリスクがあります。このリスクについても説明を行い、改めて検討をしていただくことになりました。

　また、上記**第2章 1**「家族信託が必要なケース」で解説したとおり、不動産を信託する場合には、信託登記を行う必要があります。そのため、登記情報等により、信託登記を行うに当たり問題がないかの確認が必要であることをお伝えしました。

## ⑷　信託の終了事由

　中村家のケースでは、譲さんの自宅が売却できたら終了とするのが最もシンプルな終了事由です。しかし、譲さんのお金の管理についても不安があるとのことですので、譲さんが亡くなったら終了としておくことで検討することになりました。

## ⑸　残余財産の帰属

　譲さんが亡くなり、信託が終了した場合に残る可能性のある信託財産は、2つが考えられます。

### ①　不動産が売却できた場合

　不動産が売却できた場合には、残った信託財産はお金になっています。そのため、この残ったお金を「誰が」「どのような割合で」受領するのかを検討する必要があります。中村家のケースでは、幸子さんに財産を残すことは考えていないようですので、亘さんと修さんで各2分の1の割合で分ける方向で考えているとのことです。

### ②　不動産が売却できなかった場合

　不動産が売却できなかった場合には、残った信託財産はお金だけでなく、自宅が含まれます。この場合、お金だけが残ったときと同様に、長男と次男で各2分の1としてよいのか、慎重に検討する必要があります。これは、信託終了後に実家が長男と次男の共有となってしまうからです。この場合、今後の売却時に長男と次男が共同で手続きを進めなくてはならず、遠方に住んでいる長男に負担が生じる可能性があります。亘さんと修さんで売却の方向性が違う場合には、スムーズな売却ができなくなってしまうこともあります。これについては、亘さんと修さんで話合いをしておいていただくようにお伝えしました。

### Advice

　不動産の信託を組成する場合、信託終了時に残った財産が何になっているかで対応が変わってきます。このような場合には、信託財産以

2／自宅売却型信託の解決事例　125

外の相続財産で調整することで対応が可能となります。信託以外の相続対策を上手く活用することを検討しましょう。

また、もう1つ重要なことは、そもそも信託する不動産の売却が可能であるかを確認しておくことも重要になります。せっかく信託を組成しても、不動産が売却できなければ意味がありません。信託前に査定を行い、売却価格や売却の可能性を確認しておくことをお勧めします。

## 4 検討事項の確認

(1) 委託者・受益者 ➡ 譲
(2) 受託者 ➡ 修
(3) 信託財産 ➡ 自宅・現金：3,000万円
(4) 信託の終了事由 ➡ 譲の死亡
(5) 残余財産の帰属
  ➡ ① 不動産売却が完了：亘・修で各2分の1
  ➡ ② 不動産売却が未了：不動産：修、現金：亘・修で各2分の1

家族で話合いを行っていただき、信託を組成することで決定しました。ここからは、譲さんから業務の依頼と必要書類をいただき、実際の信託契約書を作成する作業になります。その際、検討事項の中で決まった内容について、以下のような回答をいただきました。なお、中村家のケースの場合には、信託を組成する前提として、不動産の登記情報等の取得をすることになります。

### (1) 信託財産とする金額

譲さんの自宅と一緒に、修さんに管理してもらうお金として、3,000万円を信託財産とすることになりました。譲さんと修さんが話をしたところ、今後はすべてを任せたいという意向を確認できたためです。なお、念のために委託者である譲さんに判断能力があるうちは、追加

126　第4章／家族信託による解決事例

信託としてお金を追加できるよう、契約書に記載することにしました。

## (2) 残余財産の帰属

　家族で話合いをしていただき、信託が終了した時点で余ったお金については、亘さんと修さんで各2分の1とすることになりました。なお、自宅の売却が完了していなかった場合には、今まで譲さんの生活をみていた修さんが実家を受領することになりました。

# 5 信託の組成

　上記までのことが決定したので、実際に信託の組成を行うことになりました。信託を組成する流れは以下のとおりになります。

## (1) 信託契約書（案）の作成

　信託契約書（案）を作成し、内容を確認していただきます。このとき、譲さんの判断能力を直接確認するため、譲さんにも同席をいただき、確認作業を行います。不動産を信託する場合には、司法書士により譲さんから修さんへ、原因を信託とする信託登記が必要になります。司法書士は、このような登記を行う際、判断能力を含め本人確認を行います。万が一、譲さんの判断能力が不十分である場合には、信託登記を行うことができません。高齢者の場合には、念のために一度は直接話をして確認することをお勧めします。

## (2) 司法書士による信託契約書（案）の確認

　信託契約書（案）の内容が決定したら、信託登記をする司法書士へ信託契約書（案）を提出し、信託登記が問題なくできるかを確認します。この際、信託契約設定時の確認だけでなく、信託継続中や信託終了時に問題なく登記ができるかを確認していただくようにします。特に、信託終了時については、信託契約書の内容によって登録免許税が変わってくることがあります。この点も含め、必ず司法書士に確認を

2／自宅売却型信託の解決事例　127

■ 図表4－2－3　信託の組成

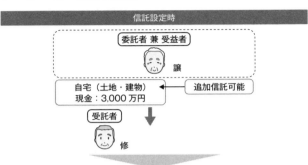

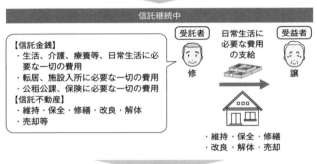

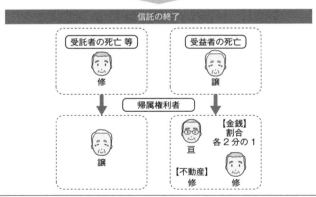

・目的：信託財産について、適正な保存、管理、運用、処分を通して、受益者の生涯にわたる安定した生活、介護、療養等を確保すること
・委託者 兼 受益者：譲　・受託者：修
・信託不動産：自宅（土地・建物）　・信託金銭：3,000万円
・残余財産受益者（受託者の死亡等）：譲
・帰属権利者（受益者の死亡）：不動産：修・金銭：亘、修で各2分の1

求めましょう。

### (3) 信託契約書への調印

　司法書士との最終調整が完了したら、信託契約書への調印となります。私文書での信託契約書においても、委託者と受託者が契約書に調印する必要があります。また、信託契約書が完成した後には、信託登記をしなければなりません。この調印に合わせて、司法書士による本人確認をしておくと、信託登記の手続きをスムーズに行うことができます。

### (4) 信託登記

　完成した信託契約書により、司法書士に信託登記を依頼します。登記完了までの期間は、管轄する法務局により異なります。担当する司法書士へ、登記申請時に確認していただくようにしましょう。なお、信託登記が完了すると、修さんへ新たな登記識別情報が交付されます。信託契約は、信託契約書への調印が完了した時点で成立していますが、実務上ではこの信託登記が完了した時点から、修さんによる自宅の管理や売却が開始されます。

### (5) 受託者名義の銀行口座への入金

　受託者名義の信託用口座の開設が完了したら、信託するお金を入金します。このとき、上記 **1**「金銭管理型信託の解決事例」と同様に、振込みで対応することが望ましいでしょう。信託契約は、信託契約書の作成が完了した時点で成立していますが、実務上ではこの入金が完了した時点から、修さんによるお金の管理が開始されます。

##  信託以外の相続対策

　中村家のケースでは、信託の組成を検討している間、以下のような信託以外の相続対策を検討しました。

## (1)　遺言の検討

　譲さんについて、信託財産以外については、遺産分割協議が必要となることをお伝えし、遺言書の作成が必要となるかの確認をしました。これは、亘さんが遠方に暮らしているため、信託財産以外の相続財産の手続き時に負担となってしまうことを考慮したためです。

　しかし、今回は信託の検討をする際に決定したとおり、譲さんが所有するほとんどの財産を信託することになりました。これにより、信託財産以外の相続財産の手続きがほとんど必要なくなることになったので、遺言書の作成は行わないことになりました。

## (2)　母のお金について金銭管理型信託の検討

　譲さんが信託を組成したことにより、幸子さんも修さんにお金を信託したいという気持ちになったようです。こちらについても、家族で話合いを行い、信託を組成することになりました。この信託についても、亘さんと修さんが話合いをして、残った信託財産をどちらがどのような割合で受領するかの話合いを行っていただきました。この際、亘さんから修さんへ、多めに財産を受領してほしいという話があったそうで、面倒をみている弟のことを考慮して、金銭管理型の信託契約書を作成しました。

## 7　信託の組成後

　その後、譲さんと幸子さんは、無事に施設へ入所しました。入所時にはかなり判断能力が低下していたとのことですが、信託をしていたことで、修さんが自宅の売却をスムーズに行うことができたとのことです。お金の管理もスムーズに行えており、施設にいる譲さんと幸子さんも安心して暮らしているようです。

　そして、修さんが、今回の相続対策について亘さんへ相談をしたことにより、2人が連絡をとる機会が増えたとのことです。今までは、

修さんが1人で対策方法を考えていたことが、亘さんと話ができることでより安心できていると報告をいただきました。

■ 図表4－2－4　信託以外の相続対策

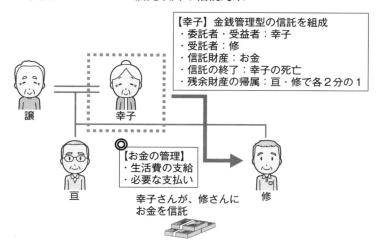

### Advice

　中村家のケースは、信託を活用して自宅の管理や売却をできるようにしたいという一般的な事例です。しかし、結果的には、お金を含めた財産を信託することになりました。つまり、信託という相続対策だけを検討するのではなく、相続における幅広いリスクの話を聞いたことによる決断だと考えます。

　相続コンサルタントは、士業など専門職へ業務を依頼する場合、断片的な情報だけを伝えて依頼をするのではなく、家族の関係や想いについて伝えることで、専門職から追加のアドバイスをもらいやすくなります。逆に、このような点をしっかりと考慮してくれる専門職と業務を進めることが、相談者の想いを叶えることに繋がるのではないでしょうか。

（細谷　洋貴）

# 3 自社株承継型信託の解決事例

## 小林家のケース

　小林家は、父親の勇介さん（68歳）、母親の京子さん（67歳）、長女の葉月さん（38歳）、次女の弥生さん（35歳）の4人家族です。勇介さんと京子さんは、2人で創業した会社を経営しており、順調に成長させてきました。しかし、勇介さんが病気で入院することになったため、以前から会社の運営を含めて手伝ってきた葉月さん夫婦が実質的に経営をしている状況となっていました。勇介さんの具合があまりよくないこともあり、このまま入院が続いてしまうと会社の経営に影響があることを心配しています。

　そこで、相続対策を専門にしている事務所があると紹介があり、まずは京子さんと葉月さん夫婦が当事務所を訪れ、相談をうかがうこと

■ 図表4-3-1　現　状

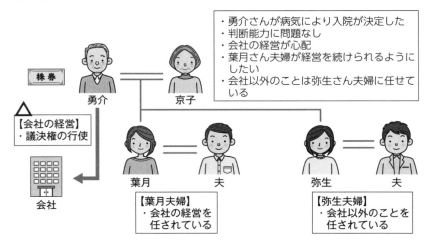

132　第4章／家族信託による解決事例

になりました。

#  状況の把握

### (1) 家族状況

＜勇介＞

　病気により、体調が日に日に悪くなってきていることを確認しました。入院したことにより、体力も低下してきている状況ですが、判断能力に問題はないとのことです。また、入院している病院は、面会が

■ 図表４－３－２　母と長女夫婦への確認事項（家族状況・財産状況）

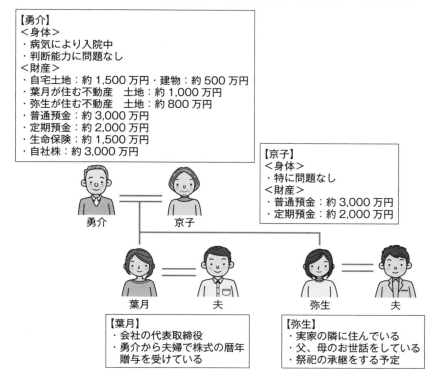

可能なため、必要があれば勇介さんにも会って話ができることを確認しました。これは、勇介さんの病状を確認することで、早急な対応が必要となるかどうかや、判断能力に問題がないかの確認です。

＜京子＞

　勇介さんが入院中のため、自宅に1人で暮らしていますが、特に問題なく生活ができているとのことです。また、弥生さんの夫とは、養子縁組をして隣に住んでいることもあり、何かあれば助けてくれることを確認しています。今後、会社以外の家のことについては、弥生さん夫婦に任せることも家族で合意していることが確認できました。これは、会社の問題以外にも、何か不安なことや困っていることがあるかの確認です。

＜葉月＞

　夫婦で実家の近くに住んでおり、現在は代表取締役として会社の運営をしているとのことです。妹夫婦とも仲が良く、何かあれば協力して父と母の手伝いをしていることが確認できました。弥生さんとの関係性を確認することで、相続対策の方針や将来的な争いの可能性があるかどうかが分かります。

＜弥生＞

　夫婦で実家の隣に住んでおり、父と母に何かあればすぐに手伝いに行っているとのことです。会社のことには関与しておらず、姉夫婦を応援しています。また、お墓や仏壇など家のことについては、夫婦で守っていくことを家族間でも了承しているとの確認ができました。

## (2) 財産状況

＜勇介＞

　主な財産は、実家の不動産（土地：約1,500万円、建物：約500万円）、長女夫婦が暮らしている不動産（土地：約1,000万円（建物の所有者は長女の夫））、次女夫婦が暮らしている土地（土地：約800万円（建物の所有者は次女の夫））、自社株（相続税評価額：約3,000万円）預貯金（普通預金：約3,000万円、定期預金：約2,000万円）、生

134　第4章／家族信託による解決事例

命保険（約 1,500 万円）であることを確認しました。現在、入院している勇介さんの財産については、京子さんがすべて管理しているとのことです。財産については、自宅と次女夫婦が暮らしている不動産は次女夫婦へ、長女夫婦が暮らしている不動産と自社株については長女夫婦へ、預貯金については長女と次女で各 2 分の 1 として相続してほしいそうです。一方、京子さんに対しては、死亡保険金を残して生活ができるようにしたいという明確な考えがあり、家族全員で了承しているとのことが確認できました。なお、自社株については、顧問税理士からの提案で葉月さんと葉月さんの夫へ暦年贈与を行っているとのことです。これにより、現状で何か相続対策を行っているのか、信託以外の相続対策を検討するべきかを確認しています。

＜京子＞

主な財産は、預貯金（普通預金：約 3,000 万円、定期預金：約 2,000 万円）であることを確認しました。京子さんは、勇介さんと一緒に会社を経営してきていたこともあり、自身も相応のお金を持っているようです。しかし、将来的には、希望の有料老人ホームに入りたいなどの希望があり、お金が足りるかを心配しているとのことでした。これにより、勇介さんだけでなく、京子さんの財産についても相続対策を検討するべきかが分かりました。

## (3) 父と母の意向

勇介さん、京子さんを含め、家族全員で相続についての方向性を決めているため、特に問題はないと考えているようです。そのため、会社の相続対策を最優先に進めたいという希望がありました。また、会社には顧問税理士がいるので、何か対策を行う場合には、顧問税理士に確認をしてほしいということも要請されました。なお、顧問税理士には、自社株を信託することも相談をして了承をいただいているとのことです。これにより、今回の相続対策について、顧問税理士が把握をしているかの確認ができました。会社の顧問税理士には、経営を含めて相談をしている場合が多く、絶対的な信頼を寄せているケースが

3／自社株承継型信託の解決事例　135

一般的です。そのため、顧問税理士が相続対策を否定した場合には、今回の相続対策を進めることができなくなる可能性もあるため、先に確認をしておくことをお勧めします。

## 2 相続対策の検討

上記の確認により、自社株の信託について対策を早めに進めていく方向で検討をすることになりました。特に勇介さんの体調が日に日に悪くなっており、判断能力が低下するおそれがあったためです。

## 3 信託組成における検討事項

(1) 委託者・受益者 ➡ 勇介
(2) 受託者 ➡ 要検討（葉月の夫を予定）
(3) 信託財産 ➡ 自社株 株式数：要検討
(4) 信託の終了事由 ➡ 勇介の死亡
(5) 残余財産の帰属 ➡ 要検討（葉月の夫を予定）

スムーズに信託の組成を進めるため、以下に代表的な検討事項を記載します。

### (1) 委託者・受益者

勇介さんが自社株を託したいので、勇介さんが委託者となります。また、勇介さんによる財産管理の負担を軽減するための信託ですので、勇介さんが受益者となります。

自社株の信託が完了した場合、議決権行使は受託者が行うことができますが、配当などを受領する権利は受益者である勇介さんとなります。しかし、小林家のケースでは、配当などの交付は行っていなかったため、考慮しないものとして組成を検討します。

136 第4章／家族信託による解決事例

## (2) 受 託 者

　勇介さんが自社株を信じて託すのは、葉月さんの夫となりました。これは、顧問税理士からの提案です。葉月さんとその夫へは、暦年贈与を行って自社株の移転を開始しています。しかし、代表取締役である葉月さんの夫への自社株移転について、贈与税を考慮した暦年贈与では、検討している自社株数の移転が間に合わない可能性があります。信託は、信託終了時に残った財産を誰に引き渡すかを決められますので、相続人ではない葉月さんの夫が自社株を受け取れます。このことについては、勇介さんの意向が必要となるため、確認をしていただくようにお伝えしました。

　後継受託者については、会社の経営状況を考えると葉月さんが候補として想定されます。葉月さんに確認したところ、特に問題なしとのことで、後継受託者として指定することになりました。

## (3) 信託財産

　勇介さんが葉月さんの夫へ信じて託す財産は、自社株になります。ただし、勇介さんが所有する自社株をすべて信託するのではなく、将来的に葉月さんの夫へ承継してもらいたい自社株のみを信託することになりました。その他の自社株については、相続財産として葉月さんに承継してもらうためです。なお、小林家のケースでは上記(1)のとおり、配当などはありません。そのため、自社株のみを信託することになりました。これに対し、配当などがある場合には、このお金を信託財産として管理をしながら支給する必要があります。このようなときは、上記 **1**「金銭管理型信託の解決事例」のとおり、お金の管理方法についても検討する必要があります。

　また、上記**第2章 1**「家族信託が必要なケース」で解説したとおり、自社株を信託して受託者名義にする場合には、会社の承認が必要になります。そのため、会社の定款、株主名簿や法人税申告書別表二などを確認し、信託による株主の名義変更を行うに当たり問題がない

3／自社株承継型信託の解決事例　**137**

かの確認をしていただくようにお伝えしました。なお、勇介さんの判断能力に問題がない間は、信託が完了した後でも、自社株の贈与を続けられるようにすることも可能であることを説明しました。

小林家のケースでは、信託契約書を私文書で作成するか、公正証書で作成するかも検討をする必要があります。お金の信託もないため、信託専用口座の開設などを検討する必要がなく、どちらでも信託が可能なためです。私文書の場合、公証人との事前確認や公正証書作成日時の調整などが必要ないため、契約書の作成を短期間で完了させることができるメリットがあります。しかし、契約書の紛失などのリスクがあることがデメリットとなります。こちらも検討していただくようにお伝えしました。

## (4)　信託の終了事由

小林家のケースでは、勇介さんが亡くなった時点で終了とするのが最もシンプルな終了事由です。しかし、信託した自社株の贈与を行っていることもあり、自社株がすべて贈与できると信託を続ける必要はなくなります。そのため、自社株がすべて贈与された時点で、信託を終了とすることで検討することになりました。

## (5)　残余財産の帰属

勇介さんが亡くなり、信託が終了した場合には、残った自社株は葉月さんの夫が受領することが決定しています。なお、相続人ではない第三者が相続財産を取得した場合には、相続税が2割加算となります。小林家のケースでは、顧問税理士による確認と説明を行っていますので問題ありませんが、第三者が遺贈により財産を引き継ぐ場合には、相続税についても考慮する必要があります。

**！ Advice**

自社株を信託する場合、この自社株の相続税評価額が思った以上に高額となっていることがあります。逆に、評価額が低い場合には、信

138　第4章／家族信託による解決事例

託ではなく贈与を検討すべきでしょう。信託は「みなし相続財産」と
して、相続税の計算に含まれます。信託をすることで経営権を後継者
に移転することは可能ですが、直接的な相続税対策にはなりません。
自社株を受け取る者が、相続税を納税することができるかも重要なポ
イントになります。また、相続税だけの問題ではなく、自社株以外の
財産の状況によっては、他の相続人と争いにつながる可能性もありま
す。このようなことから、専門職である税理士と連携をして、自社株
の評価をしておくことが望ましいでしょう。

## 4 検討事項の確認

- (1) 委託者・受益者 ➡ 勇介
- (2) 受託者 ➡ 葉月の夫
- (3) 信託財産 ➡ 自社株 株式数：400株
- (4) 信託の終了事由 ➡ 勇介の死亡
- (5) 残余財産の帰属 ➡ 葉月の夫

　家族で話合いを行っていただき、信託を組成していくことで決定し
ました。ここからは、勇介さんから業務の依頼と必要書類をいただ
き、実際の信託契約書を作成する作業になります。その際、検討事項
の中で決まった内容について、以下のような回答をいただきました。
なお、小林家のケースでは、信託を組成する前提として、会社の定
款、株主名簿や法人税申告書別表二などを確認することになります。

### (1) 信託財産とする自社株数

　勇介さんが所有する自社株は、発行済株式数1,000株中の700株で
あることが分かりました。その中で300株は葉月さんへ、400株は葉
月さんの夫へ承継させる意向が確認できました。これにより、委託者
である勇介さんに判断能力があるうちは、葉月さんの夫へ贈与ができ
るように契約書に記載をして400株を信託することになりました。

3／自社株承継型信託の解決事例　139

### (2) 会社の承認

　自社株を信託する際、会社の承認が必要となることについて問題がないかを確認するため、勇介さん以外の株主について確認していただきました。現在の株主と株数の割合は、勇介：700株、京子：200株、葉月：50株、葉月の夫：50株ということで、特に問題なく株主総会で承認できることが分かりました。

### (3) 信託契約書の作成方法

　信託契約書については、勇介さんの体調を考慮してなるべく早く進めたいとの意向を確認しました。そのため、リスクを把握していただいた上で、私文書にて作成を行うことになりました。

## 5　信託の組成

　上記までのことが決定したので、実際に信託の組成を行うことになりました。信託を組成する流れは、以下のとおりとなります。

### (1) 信託契約書（案）の作成

　信託契約書（案）を作成し、内容を確認していただきます。このとき、勇介さんの判断能力を直接確認するため、勇介さんにも同席をいただき、確認作業を行います。

### (2) 税理士による信託契約書（案）の確認

　信託契約書（案）の内容が決定したら、顧問税理士へ信託契約書（案）を提出し、税務上の問題がないか確認します。この際、信託契約設定時の確認だけでなく、信託継続中や信託終了時に税務上の問題がないか確認していただくようにします。また、上記のとおり、相続税を検討するためにも、相続税シミュレーションをしていただくことをお勧めします。

■ 図表 4 − 3 − 3　信託の組成

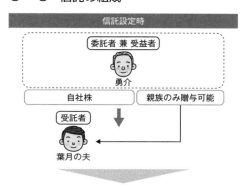

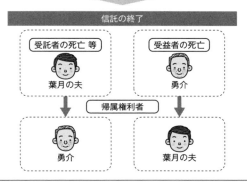

・目的：信託財産について、適正な管理、運用、処分を通して、会社の適切な承継を図ること
・委託者 兼 受益者：勇介　・受託者：葉月の夫
・信託不動産：自社株 400 株
・残余財産受益者（受託者の死亡等）：勇介　・帰属権利者（受益者の死亡）：葉月の夫

### (3)　信託契約書への調印

　顧問税理士との最終調整が完了したら、信託契約書への調印となります。私文書での信託契約書においても、委託者と受託者が契約書に調印する必要があります。また、信託契約書が完成した後には、株主総会にて会社の承認を得る必要があります。この調印に合わせて、株主総会の決議に必要な書面を作成しておくことで、会社の承認手続きをスムーズに行うことができるようになります。

### (4)　株主名簿の変更

　完成した信託契約書と株主総会の決議書面により、株主名簿の変更を行います。この際、株主名簿には、受託者である葉月さんの氏名とともに信託されていることが分かるように記載するようにしましょう。信託契約は、信託契約書の作成が完了した時点で成立していますが、実務上ではこの株主名簿の変更が完了した時点から、葉月さんの夫による自社株の管理が開始されます。

## 6　信託以外の相続対策

　小林家のケースでは、信託の組成を検討している間、以下のような信託以外の相続対策を検討しました。

### ■遺言の検討

　勇介さんについて、信託財産以外については、遺産分割協議が必要となることをお伝えしました。ここには、葉月さんへ承継してもらうための自社株も含まれているため、スムーズな相続手続きを考えるようであれば、遺言書の作成をしておくことをお勧めしました。小林家のケースでは、「誰が」「何を」相続するのかは、家族間で話合いが済んでいる状況です。それであれば、遺言書を作成しておくことで遺産分割協議書を作成する手間を省略することが可能になります。ま

142　第4章／家族信託による解決事例

た、上記①(1)のとおり、お墓や仏壇なども含め、会社以外のことは養子縁組をしている弥生さんの夫と弥生さんに任せるという意向がありました。こちらについても、遺言で祭祀の承継を指定することが可能です。

このことから、遺言書の作成もしておくことになりました。遺言書は公正証書で作成し、手続きを行う執行者と祭祀の承継を弥生さんとする内容としました。これにより、改めて葉月さん夫婦は会社を守っていき、弥生さん夫婦は家を守っていくという役割分担が、よりはっきりしたようです。

## 信託の組成後

勇介さんの体調ですが、良くなることはなく信託組成から半年後には判断能力もほとんどない状態となってしまったようです。しかし、信託をしていたことで会社の経営について問題となることはなく、日々成長をしているとのことです。

この信託組成から3年後に勇介さんが他界したとの連絡をいただきました。これにより、信託していた自社株については、弥生さんの夫が引き継ぎ、信託財産以外については遺言書があることでスムーズに

■ 図表4－3－4　信託以外の相続対策

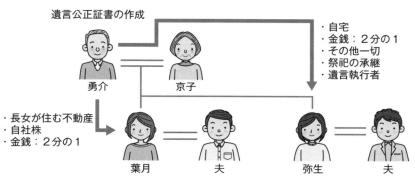

3／自社株承継型信託の解決事例　143

手続きを進めることができたとのことです。現在、葉月さん夫婦は、勇介さんと京子さんが築いた会社をしっかりと経営し、弥生さん夫婦は一人暮らしとなった京子さんのサポートをしながら、家族関係は変わらず良好とのことでした。

### Advice

　小林家のケースは、信託を活用して会社の経営権を後継者に承継できるようにしたいという一般的な事例です。しかし、会社の経営や祭祀の承継を含み、葉月さんや弥生さんの夫も関係してくるセンシティブな内容となっています。このような話については、会社のことだけ考えて対策してしまうと、家族間でのトラブルになってしまうことが多くあります。

　相続コンサルタントは、家族関係からそれぞれの想いをヒアリングし、バランスをとっていくことで家族から信頼される立場となることができると考えます。この中立な立場で話を聞いてくれる存在が、家族間でのトラブルを避けることに繋がるのではないでしょうか。

（細谷　洋貴）

# 4 生命保険信託の解決事例

## 加藤家のケース

　加藤家は、父親の憲二郎さん（68歳）、母親の咲子さん（61歳）、長男の隆太郎さん（38歳）、長女のかんなさん（36歳）の4人家族です。憲二郎さんと咲子さんは、憲二郎さんの持ち家である自宅に2人で暮らしています。隆太郎さんは障がいがあり、実家の近くにある施設で暮らしています。かんなさんは結婚をしていますが、実家の近くに暮らしていて、実家や施設によく来てくれて兄のことも手伝いをしてくれています。

　現在、憲二郎さんと咲子さんが困っていることは、特にありません。しかし、憲二郎さんと咲子さんが病気や認知症、死亡したと

■ 図表4-4-1　現　状

4／生命保険信託の解決事例　145

き、隆太郎さんの生活がどうなるのかを心配しています。もし、隆太郎さんのためにできることがあるようなら、今から相続対策をしたいと考えています。

　そこで、相続対策を専門にしている事務所があるとの紹介で、まずは憲二郎さんと咲子さんが当事務所へ相談に訪れました。

 **状況の把握**

### (1) 家族状況

＜憲二郎・咲子＞

　どちらも会社を定年退職し、2人で長男の面倒をみている状況とのことでした。現在、どちらも体調に不安はないようですが、長男のことを考えると、自分たちに万が一のことがあった場合の相続対策について考えておきたいという想いがあるようです。家族としては、今後もできる限り家族でサポートをしていきたいため、後見制度の利用は避けたいと考えていることを確認しました。これは、家族関係を確認することで、隆太郎さんについての想いや何について不安に思っているのかを確認しています。特に、障がいのある子に兄弟姉妹がいる場合には、兄弟姉妹の関係性を確認することで相続対策の方向性を検討することに繋がります。

＜隆太郎＞

　実家から近い場所にある施設で、サポートを受けながら暮らしているとのことです。簡単な意思の疎通はできるようですが、計算や少し難しい話になると理解をするのが困難なようです。社交性はあるため、地域や親の会などの集まりには参加していて、交流を持つようにしていることが確認できました。これは、どの程度の判断能力があるのかを確認しています。その状況により、隆太郎さんや家族にとって何がリスクになるのか変わってくるためです。

■ 図表4－4－2　父と母への確認事項（家族状況・財産状況）

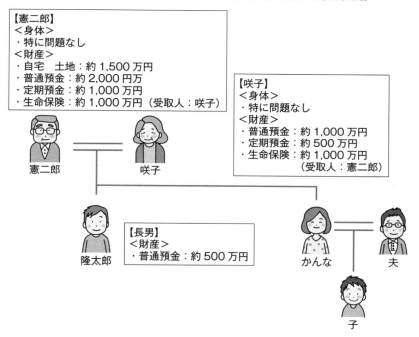

<かんな>

　夫、子1人と実家から車で数十分の場所で暮らしています。かんなさんの家族は、隆太郎さんのことにも協力的で手伝いをしてくれているとのことです。今後も何かあれば、隆太郎さんのために協力をすることが可能であることを確認しました。これは、隆太郎さんとかんなさんの家族の関係性やかんなさんの家族の想いを確認しています。その状況により、相続対策の方向性を検討することに繋がるためです。

(2)　財産状況

<憲二郎>

　主な財産は、自宅の不動産（約1,500万円）、預貯金（普通預金：約2,000万円、定期預金：約1,000万円）と生命保険（咲子さんが受

4／生命保険信託の解決事例　147

取人：1,000万円）であることを確認しました。体調に問題はないため、自分自身で財産の管理を行っているようです。これは、財産状況を把握することで、万が一のことがあった場合にどのようなリスクがあるかを確認しています。

＜咲子＞

主な財産は、預貯金（普通預金：約1,000万円、定期預金：約500万円）と生命保険（憲二郎さんが受取人：1,000万円）であることを確認しました。体調に問題はないため、自分自身で財産の管理を行っているようです。これは、憲二郎さんと同様に財産状況を把握することで、万が一のことがあった場合にどのようなリスクがあるかを確認しています。

＜隆太郎＞

主な財産は、預貯金（普通預金：約500万円）であることを確認しました。作業所を利用しているために少しの収入はありますが、生活費や施設利用料については障害年金で賄っているとのことです。現在、あまり大きな出費はないため、この障害年金で問題なく生活ができているとのことでした。しかし、父と母に万が一のことがあった後、現在の預貯金と障害年金だけで大丈夫か不安であることを確認しました。ただし、判断能力に不安がある長男が大きな財産を持ってしまうことにも不安があるとのことです。この確認により、長男の生活状況と財産状況、お金の収支を確認することで、どのようなサポートが必要になるかが分かります。

## (3) 父と母の意向

憲二郎さん、咲子さんともに、隆太郎さんの生活や財産について心配しています。かんなさんの家族は信頼しており、今後も隆太郎さんが困ったときには無理のない範囲で手伝ってほしいと考えています。また、隆太郎さんの生活については、家族でサポートをしているため特に問題がないことから、後見制度の利用は検討をしていないとのことです。しかし、自分たちが亡くなった後、かんなさんの負担が大き

い場合には、後見制度の利用も検討する必要があると思っています。このような状況で、まずは何をしておくべきかを含めてアドバイスがほしいことを確認しました。

## 2 相続対策の検討

　上記の確認により、
・将来も安心して生活ができるようにお金を残してあげたい
・しかし、一度に大きな財産を取得してしまうことに不安がある
・かんなへの負担は少なくしたい
ということが確認できました。そのため、保険金を分割で渡すことができ、これを信託会社が管理してくれる生命保険信託を活用していく方向で検討することになりました。

## 3 生命保険信託組成における検討事項

```
(1)  生命保険  ➡  要検討
(2)  委託者（契約者・被保険者）  ➡  要検討
(3)  受託者  ➡  信託会社
(4)  受益者  ➡  隆太郎、第二受益者：かんな
(5)  交付方法  ➡  要検討（毎月〇万円）
(6)  指図権者  ➡  かんな
(7)  残余財産の帰属権利者  ➡  かんなの子
```

　スムーズに信託の組成を進めるため、以下に代表的な検討事項を記載します。

### (1) 生命保険に関する確認

　上記**第1章2**「生命保険信託の基礎知識」**4**のとおり、生命保険信託は、取り扱うことのできる保険会社が限られています。そのた

4／生命保険信託の解決事例　149

め、現在加入している保険がある場合には、生命保険信託を取り扱えるかの確認をする必要があります。この保険が生命保険信託を取り扱えない場合や新たな保険で生命保険信託を検討したい場合には、生命保険信託を取り扱える保険会社にて新しい保険に加入する必要があります。このとき、年齢、健康状態や既往歴など、各保険会社の要件を満たすことができずに保険に加入ができない場合には、生命保険信託の組成を断念せざるを得ないことになります。なお、加藤家のケースでは、生命保険信託を取り扱うことのできる保険会社にて、新たな生命保険に加入する方向で検討することになりました。

## (2) 委託者（契約者・被保険者）

新たな生命保険に加入するため、契約者（保険料の払込みをする者）と被保険者（保険の保障を受ける者）を決める必要があります。この場合、原則として契約者＝被保険者となり、この者が委託者となります。つまり、憲二郎さんと咲子さんのどちらが亡くなった場合に、生命保険信託を活用したいかを検討していただくようにしました。

## (3) 受託者（受取人）

生命保険信託の場合、保険金の受取人が信託会社となり信託契約に従って管理や支給を行うので、信託会社が受託者となります。なお、この信託会社を顧客サイドが選べるということはまずなく、保険会社が定めた信託会社となります。

## (4) 受 益 者

保険金は隆太郎さんに渡したいので、隆太郎さんが受益者となります。また、隆太郎さんが亡くなった後、信託契約の定められた内容で保険金の引渡しを継続したい場合には、第二受益者や第三受益者を定めておくことが可能です。このケースでは、隆太郎さんが亡くなった場合の第二受益者は、かんなさんとしました。

150　第4章／家族信託による解決事例

## (5) 交付方法

　受益者である隆太郎さんへ、保険金をどのように交付したいかを検討する必要があります。交付方法は、一括又は毎月5万円、毎年60万円などのように、定期的に交付をするよう決めることができます。また、18歳までは毎月5万円、20歳までは毎月7万円などのように、期間を定めておくこともできます。加藤家のケースでは、隆太郎さんが亡くなるまで、月にいくら渡したいかを検討していただくようにお伝えしました。なお、隆太郎さんが亡くなった後の第二受益者であるかんなさんについては、一括で交付することになりました。

## (6) 指図権者

　指図権者は、委託者（契約者・被保険者）が亡くなったことの連絡、定期的な交付開始の申請手続きなど、受益者を手続き面でサポートする者です。必ず指定するものではありませんが、このケースでは受益者である隆太郎さんには障がいがあり、判断能力に不安があるため指定しておく必要があります。そのため、かんなさんを指図権者として指定することになりました。

## (7) 残余財産の帰属権利者

　受益者である隆太郎さんと第二受益者であるかんなさんが亡くなった場合、残った保険金を一括で受け取る者です。加藤家のケースでは、かんなさんの子を残余財産の帰属権利者とすることになりました。これにより、かんなさんが先に亡くなっていた場合でも、かんなさんの子が残った保険金を受け取ることができるようになります。

**Advice**

　障がいのある子の親なきあとで信託を活用する場合に限らず、信託には受託者や指図権者などの協力者が必要になります。そのため、兄弟姉妹や親族に信頼できる協力者がいない場合には、信託を利用する

ことが難しいケースも考えられます。また、生命保険信託を利用する場合には、受益者、指図権者や残余財産の帰属権利者について、配偶者や二親等以内の血族などの制限がされていることがほとんどです。生命保険信託を活用する場合には、このような制限がないかを保険会社に確認するようにしましょう。

　また、お世話になった施設が一定の要件を満たしている場合には、この施設への寄付を設定することが可能なケースもあります。例えば、障がいのある子に兄弟姉妹がおらず、この子に財産は相続してほしいが、亡くなった後は寄付をしたい場合です。障がいのある子に判断能力がなければ遺言書の作成が難しいため、相続人がいなければ国庫に帰属します。遺言には、連続した相続に対応する書き方ができないためです。加藤家のケースのように、信託は連続した相続に対応することが可能です。これも障がいのある子の親なきあとで、信託を活用するべき大きなメリットになります。

## 検討事項の確認

```
(1)  生命保険：約1,000万円の保険
(2)  委託者（契約者・被保険者）　➡　憲二郎
(3)  受託者　➡　信託会社
(4)  受益者　➡　隆太郎、第二受益者：かんな
(5)  交付方法　➡　毎月3万円
(6)  指図権者　➡　かんな
(7)  残余財産の帰属権利者　➡　かんなの子
```

　家族で話合いを行っていだたき、生命保険信託を組成していくことで決定しました。その際、検討事項の中で決まった内容について、以下のような回答をいただきました。

## (1) 生命保険に関する確認

隆太郎さんへ、月にいくらのお金を約何年間渡せるようにするのか検討する必要がありました。しかし、自分たちでは、どのように考えたらよいのか難しいとの結論でした。このように、お金をいくら渡せるようにするか判断が難しい場合には、ライフプランニングを行うことでヒントになる可能性があります。担当する保険業者が行えることもありますので、聞いてみるのもよいでしょう。

## (2) 委託者（契約者・被保険者）

憲二郎さんと咲子さんが検討をした結果、委託者（契約者・被保険者）については、現在の財産状況や保険金の支払いを考え、憲二郎さんとすることになりました。

## 5 信託の組成

生命保険信託の組成を行う場合、専門職として士業が信託契約書の作成を行うことはまずありません。生命保険信託を取り扱う保険会社にて、信託契約書の作成を行うことになります。そのため、ここからは生命保険信託を取り扱う専門職である保険業の方へ情報を共有して手続きを進めていくことになります（**第1章**図表1−2−5参照）。

## (1) ライフプランニング

隆太郎さんへ、いくらのお金を残したらよいかを検討するため、ライフプランニングを行いました。これにより、憲二郎さんが亡くなる日を平均寿命として考え、そこから毎月3万円を30年間サポートできるように合計で約1,000万円の保険金を受け取れる保険の契約を行いました。なお、生命保険信託を行った場合には、信託契約締結時、信託の開始時や信託開始後から終了までの間などで費用がかかります。この費用も考慮して保険を検討する必要があります。

4／生命保険信託の解決事例　153

### (2) 生命保険契約の締結

　ライフプランニングにより、必要な保険金額が決まりました。この金額をベースに検討し、生命保険契約を締結します。このときにも、死亡保険金の支払いについて一時払い、月払いなどを選択することが可能になります。自身の生活が負担にならないよう、計画するようにしましょう。また、生命保険は年齢が若いうちに契約をすることで、支払金額に対する保障が大きくなる傾向にあります。生命保険による相続対策を検討する場合には、無理のない範囲で早めに検討をすることで効果が大きくなります。

### (3) 信託契約の締結

　生命保険契約の締結が完了したら、この生命保険についての信託契約を締結します。なお、生命保険信託は、信託契約を締結したとしても委託者（契約者・被保険者）が死亡して保険金が発生するまで信託は開始しません。そのため、家族の事情が大きく変わった場合には、信託契約や生命保険契約の変更・解約などが可能なことがほとんどです。このような事情の変化に対応できるのかについても、契約締結前に確認をしておくことで後のトラブルを防止することに繋がります。また、当事者や内容を決める際にも制限がある場合があります。相続コンサルタントは、先に相談者の想いをヒアリングし、生命保険契約の締結前に専門職である保険業の方としっかりとした情報共有を行っておくことが大切になります。

　信託以外の相続対策

　加藤家のケースでは、信託の組成が完了した後、以下のような信託以外の相続対策も進めていくこととなりました。

## (1) 遺言の検討

　憲二郎さんと咲子さんは、今後も隆太郎さんをできる限り家族でサポートをしたいという想いがありました。この想いを叶えるためには、遺言を検討する必要があります。

　相続が発生すると、相続財産について「誰が」「何を」相続するかを決めるために、遺産分割協議を行います。このとき、判断能力が不十分な相続人がいる場合には、遺産分割協議を行うことができません。遺産分割協議は、相続人全員で相続財産についての話合いをしなければならないからです。そのため、後見制度を利用して、判断能力が不十分な相続人に代わり、遺産分割協議を行う必要があります。つまり、相続人の中に判断能力が不十分な者がいた場合には、後見制度を利用しなければ相続手続きを進めることができなくなるということです。

　このリスクを避けるためには、生命保険信託以外の財産について相続対策を検討する必要があります。相続時に後見制度の利用を避けるシンプルな方法は、遺言書を作成しておくことです。

　遺言書は「誰に」「何を」相続させるのかだけでなく、その手続きを「誰が」行うかも決めておくことができます。この遺言の内容に基づいて、実際に手続きをする者を「遺言執行者」といいます。この遺言執行者を遺言によって指定しておくことで、相続手続時に遺言執行者のみで手続きできるようになります。

　加藤家のケースならずとも、障がいのある子が相続人となる可能性がある家族について、遺言書の作成は必須と言ってよいほど重要な相続対策になります。

## (2) かんなとの情報共有

　加藤家のケースにおける相続対策では、かんなさんの存在が必要不可欠なものとなりました。そのため、今回の相続対策について、内容をかんなさんに共有しておくことが必要です。また、相続対策だけで

4／生命保険信託の解決事例　155

なく、隆太郎さんの財産状況や管理方法なども共有しておくことで、憲二郎さんと咲子さんに万が一のことがあった場合でも、かんなさんがスムーズに対応することが可能になります。これは憲二郎さんと咲子さんの想いでもあった「長女の負担を減らしたい」ということにも繋がります。

## 7　信託の組成後

　その後、憲二郎さんと咲子さんから生命保険信託や遺言書について、かんなさんに話をしました。かんなさんは、隆太郎さんの心配だけでなく、かんなさん自身についても考えてくれていたのだということが嬉しかったとのことです。この相続対策をきっかけに、家族間でのコミュニケーションがより多くなりました。現在も、家族全員で隆太郎さんをサポートしながら元気に暮らしていると報告をいただきました。

■ 図表４－４－３　信託以外の相続対策

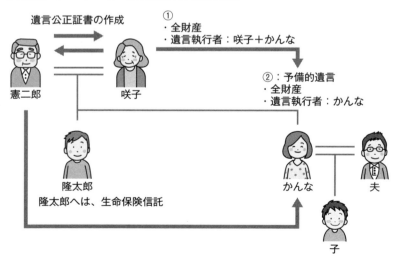

## Advice

　加藤家のケースは、障がいのある子の親なきあとで、生命保険信託を活用した一般的な事例です。しかし、生命保険信託だけでなく、遺言書も重要な相続対策になることが分かっていただけたかと思います。そして、法律上の相続対策だけでなく、家族間でのコミュニケーションも重要な相続対策であると感じるケースではなかったでしょうか。

　相続コンサルタントは、効果的な相続対策を提案することも重要ですが、家族間でのコミュニケーションをサポートする役割も大きな価値となります。家族それぞれの立場を理解し、中立な役割として相続対策の話をすることで円滑な話合いが可能となり、より良い相続対策に繋がるのです。

（細谷　洋貴）

# 5 施設に入所する母がいる家族の解決事例

## 吉田家のケース

　吉田家は、父親の清さん（82歳）、母親の康江さん（78歳）、長男の正宏さん（55歳）、長女の紀子さん（52歳）の4人家族です。清さんは自宅で一人暮らし、康江さんは認知症を発症しており（要介護5）、施設に入所しています。正宏さんは他県で妻子と暮らしており、実家との距離は自動車で90分かかります。紀子さんも既婚ですが、隣県に住んでおり、月に1回は実家に戻っています。

　税理士から、相続相談を希望する方との面談依頼が入ったのがきっかけで、正宏さんと面談をしました。正宏さんは、紹介元の税理士に対して、自身の確定申告を毎年依頼していました。

■ 図表4-5-1

## 1 状況の把握

　正宏さんの相談内容としては、従前、金融機関の関与のもと、清さんが公正証書遺言を作成していたが、その遺言を見直す必要があるのかを確認してほしい点と、清さんが康江さんと同様に認知症を発症した場合に問題が生じないかという2点でした。

　遺言の内容は、清さんの資産すべてを康江さんに相続させるという内容でした。そこで、遺言の内容が税務的に問題ないかを確認するため、紹介元の税理士に相続税評価額の算出を依頼しました。

## 2 相続税額の試算

　税理士が相続税額を試算する前段階で、正宏さん、紀子さんとともに自宅へ訪問、清さんの資産内容をヒアリングし、その内容を税理士と共有しました。

　試算結果は、次のとおりです。

---

・自宅　土地　2,800万円
　小規模宅地の特例により、2,800万円　➡　560万円
・自宅　建物　320万円
・預金　　　　4,200万円
・有価証券　　2,000万円
・生命保険　死亡保険金　8,000万円（受取人　長男・長女に各自4,000万円）相続税の非課税枠の適用により、8,000万円⇒6,500万円
・資産総額　計1億3,580万円
・母は配偶者控除により、相続税の負担なし
・長男・長女は各自約296万円の相続税を納める

---

5／施設に入所する母がいる家族の解決事例　159

## 3 問題点

　清さん死亡時、康江さんは相続税を支払うことはありませんが、康江さん死亡時（二次相続）の相続税がどれほどかかるか検証が必要でした。清さんと康江さん死亡時にかかる相続税合計額を低く抑えるためには、康江さんが取得する財産額を減らす必要もあります。
　また、清さん死亡時、遺言によって康江さんが清さんの遺産を取得することはできるが、取得した不動産、金融資産の管理は誰がするか、康江さんは認知症を発症しており、自身で財産管理することはできません。

## 4 父と子の協議

　相続税の試算結果の報告と今後の相続対策を提案するため、清さんの自宅へ訪問しました。現在、康江さんの資産を管理しているのは清さんでした。清さんに康江さんの資産状況を確認したところ、康江さんの預金は1,000万円と、父親から相続した地方の土地（評価額1,000万円）でした。

■ 図表4－5－2

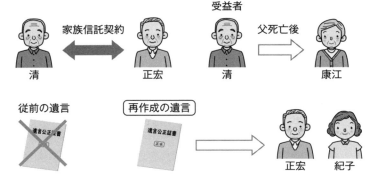

税理士に確認したところ、毎月、康江さんにかかる施設費用などを加味しても、従前作成した遺言（清さんの預金や有価証券すべてを康江さんに相続させる）と、一次相続・二次相続時にかかる相続税額が、最も負担が重くなるという結論でした。

　また、康江さんに相続させたい資産について、自身で管理ができないことから、認知症対策の観点からも作成済みの遺言を変更する必要がありました。

　そこで、清さんを委託者、正宏さんを受託者とする家族信託契約を締結することになりました。清さんの一部の資産を信託財産とし、当初の受益者を清さん、清さん死亡後、第二次受益者として康江さんとし、清さん死亡後も正宏さんが康江さんのために清さんの預金を管理できるよう設定しました。

　清さんの残りの資産は、正宏さんと紀子さんが相続する内容の遺言公正証書を再作成し、従前の遺言は破棄することになりました。

（上木　拓郎）

# 6 有価証券を所有する家族の解決事例

### 山田家のケース

　山田家は、母親の八重子さん（85歳）、長女の美和子さん（61歳）、次女の陽子さん（58歳）の3人家族で、父親の浩さんが亡くなったばかりです。八重子さんと陽子さんは関東圏在住、美和子さんは都内に住んでいます。美和子さん、陽子さん姉妹の仲は良好です。

　筆者が参加してきた交流会の幹事から、美和子さんの父が死亡したため、父名義の自宅について相談に乗ってほしいと連絡が入ったのが、関与のきっかけでした。

■ 図表4−6−1

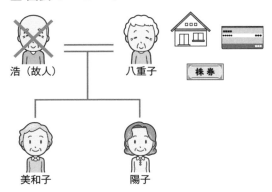

## 1 状況の把握

●母の資産

浩さんの自宅は八重子さんが相続しましたが、その他の資産は預金が1,000万円、国内上場株式が5,000万円、生命保険（死亡保険金）が1,000万円となっています。

## 2 初回の面談

八重子さん、美和子さん、陽子さんと面談し、自宅を八重子さん名義にする相続登記の依頼を受け、業務も2か月ほどで完了。美和子さんから、八重子さんと任意後見契約の話を聞いてみたいと要望を受け、日程調整しましたが、直前で八重子さんがまだまだ自分で身の回りのことをできると言われたそうで、キャンセルになりました。

## 3 再度の面談

前回の面談から2年後に、美和子さんからメールが届きました。八重子さんもその間、入退院を繰り返すようになり、美和子さんの援助が必要であることを自覚したので、話を聞かせてほしいという内容でした。

面談では、まず現状を以下のとおりヒアリングしました。

## 4 任意後見か家族信託か

八重子さんと美和子さんに対して、美和子さんが八重子さんを支援していく制度として、①任意後見と②家族信託を説明しました。

八重子さんとしては、任意後見人として美和子さんが事務を行うためには、家庭裁判所から選任される任意後見監督人が就くことに仰々

6／有価証券を所有する家族の解決事例　163

しく、また、家族以外の第三者に干渉されたくないとのことで、任意後見契約の利用には消極的でした。一方、家族信託契約の場合、美和子さんが家庭裁判所や第三者の関与なく財産を管理していくという点を気に入り、2人が家族信託契約を結ぶことになりました。

　当日、陽子さんが同席できなかったので、別途、美和子さん同席のもと、筆者が陽子さんと面談において、家族信託契約の概要を説明し、陽子さんからも同意を得ることができました。

## 5 ▶ 株式を信託財産に

　八重子さんの資産状況を考えると、すでに預金が500万円まで減っていたため、今後、介護施設に入所することになると、施設入居費用が嵩み、預金が枯渇するおそれがあります。そのため、八重子さんの判断能力に影響を受けず、資金が必要なときに八重子さんが保有する株式を売却する選択肢を確保することがポイントでした。この株式は、八重子さんが約40年前、大親友と購入した思い出の資産でした。

　そのため、八重子さんは認知症発症による資産凍結前に株式を売却し、現金を確保することに難色を示したことから、株式を信託財産とする信託契約を締結することになりました。

## 6 ▶ 株式を信託財産とする注意点

### (1)　すべての証券会社が家族信託に対応しているわけではない

　家族信託の信託財産として上場株式を組み入れる際、受託者は自身の財産と信託財産を明確に分ける必要があります。そのため、上場株式を管理する証券口座は、信託専用口座を開設する必要があります。現在、口座開設が可能な証券会社は徐々に増えてきましたが、筆者が最初に証券会社に相談した2014年当時は、どこも受け付けてくれませんでした。

## (2) 特定口座を利用できない

　特定口座とは、上場株式等の譲渡益に対する所得税や住民税の納税を簡易な納税申告手続きで完了することができる制度のことです。従前、上場株式を特定口座で保有していたとしても、信託専用口座は一般口座になってしまうので、証券会社が所得税・住民税を源泉徴収せず、受託者が税金の計算や納税をする必要が生じます。

## (3) 保有期間がリセットされる

　家族信託契約を結ぶことによって、上場株式の名義は委託者から受託者名義に移行します。その結果、保有期間がリセットされます。株主優待制度が保有期間によって影響を受ける株式かどうかは、事前に確認する必要があります。

## (4) 受益者連続型信託に設定できない

　通常、証券会社が信託専用口座の開設を認める場合でも、各証券会社が受入条件を設けており、その多くが委託者兼受益者の死亡により信託が終了することが条件になっています。

## (5) 有価証券の全種類が信託財産にできるわけではない

　上場株式だけではなく、投信信託、ラップ、債券、外国株式など保有しているケースも多くあります。しかし、信託専用口座を開設できる証券会社がそのすべてをその口座に移せない可能性もあります。特に信託専用口座を開設できない証券会社から、開設できる証券会社へ移管する場合、事前に移管できる種類を確認する必要があります。また、証券会社によっては、信託専用口座に移管後、買付けができない種類があったり、IFAを通じて発注ができる商品などもあるため、注意が必要です。

6／有価証券を所有する家族の解決事例　165

■ 図表4-6-2　家族信託契約（母と長女で契約）

## 7　家族信託の組成

　山田家のケースでは、八重子さんが株式を預託する証券会社は家族信託の取扱いが不可であったため、筆者のパートナーのIFAに家族信託の受入れが可能なネット証券を仲介してもらい、家族信託契約書の原案の摺り合わせをし、承認が下りた内容で公正証書を作成しました。

　作成後は、①受託者が金融機関で受託者名義の信託口座を開設、②委託者（八重子）、受託者（美和子）がそのネット証券の個人口座を開設、③証券の信託専用口座を開設し、④八重子さんの旧証券口座から①で作成した八重子さんの口座へ移管、⑤八重子さんの口座から信託専用口座へ移管という流れを辿り、美和子さんが母のために株式を管理することができるようになりました。

　　　　　　　　　　　　　　　　　　　　　　　　（上木　拓郎）

# 7 築古アパートを所有する家族の解決事例

## 佐々木家のケース

　筆者がハウスメーカー主催のセミナーで、土地活用と相続対策をテーマに登壇しました。その主催したハウスメーカーの支店長から、以前、住宅を新築した顧客から叔父さんの相続対策に関して相談を受けたため、家族信託を活用してアパート建替えを提案できないかとの要望を受けました。

 **状況の把握**

　筆者が相談者の佐々木孝一さん（45歳）から事情をヒアリングした内容は、次のとおりです。
　孝一さんの叔父の敬三さん（73歳）が脱水症状により入院。敬三さんは独身で子がいません。孝一さんの父（5年前没）の弟に当たり、孝一さんや母親の光枝さん（78歳）が敬三さんと交流していました。
　孝一さんの父方の祖父は土地持ちで、祖父の相続時、兄弟で土地を円満に分割相続したようです。そのため、敬三さんの住まいと孝一さんの実家は近所でした。しかし、孝一さんが敬三さんの資産で把握していたのは、敬三さんが祖父から相続した土地と、その土地の上に建築したアパート2棟のみでした。
　敬三さんが入院した後、孝一さんと光枝さんが敬三さんをサポートすることになり、自宅の鍵を預かり、通帳や印鑑を探すことになりました。敬三さんの自宅はアパートの一室でしたが、室内は足の踏み場もない状態で、探し物に難航。筆者に相談したのは、そのようなタイ

■ 図表4-7-1

ミングでした。

　まずは、今後、孝一さんらが敬三さんをサポートするに当たり、敬三さんの資産状況を把握することから始める必要があることを伝え、本人の了解を取った上で、居宅内から資産に関する資料を探すことをアドバイスし、初回の相談を終えました。

　1か月後、孝一さんと2回目の面談。そこで、敬三さんの資産状況が判明しました。

## ●叔父の資産状況

① 不動産
　(a) 築古アパート2棟、土地（祖父から相続した土地）
　　・2棟（10部屋、うち1室が叔父の自宅、4室賃貸、5室空室）
　　・賃貸のうち1室は1年間家賃滞納が続いている
　(b) 区分マンション（東京都内）
　(c) 区分マンション（東北地方のとある県庁所在地内）
　(d) 区分マンション（九州地方のとある県庁所在地内）
　(e) 貸家及び貸地（東京都内）
② 預金300万円
③ 共済金550万円

## 2 家族信託の組成

　社会福祉士に退院後の敬三さんの生活を相談したところ、介護施設への入所を勧められましたが、現状の敬三さんの不動産所得（年金を含む）より、地域の施設費用が約15万円高い状態でした。そこで、今後の取組みとして、次のとおり決定しました。

①　上記 **1** ①(a)の不動産を有効活用するため、新築アパートに建て替える。

②　今後の介護・療養費のため、金融資産の状況をみながら、上記 **1** ①(b)〜(e)の区分マンション等を売却する。

③　上記 **1** ③の共済金を早急に解約して、当面の現金を確保する。

　しかし、新築アパートに建て替えるためには、計画〜立ち退き〜請負契約〜ローン契約〜完工という工程で進み、順調にいっても約16か月はかかります。もし、敬三さんがローン契約締結までに認知症になってしまうと、建替えは頓挫します。

　そこで、敬三さんと孝一さんの間で家族信託契約を締結する運びになりました。ただし、アパート建替えに伴い、家族信託の組成を進めるに当たっては、アパートローンが通るか、また、そもそも金融機関が家族信託スキームの利用を承認してくれるかどうかを事前に確認する必要があります。そして、敬三さん、孝一さんとともに家族信託契約の条項を固めた後、金融機関に対して、家族信託契約案の確認を要請し、修正が必要であれば調整していきます。

　また、今回の事例のように、アパートローンの完済時期が委託者兼受益者（敬三さん）の死亡後になる見立てであれば、家族信託を受益者連続型信託に設定することを覚えておきましょう。当初受益者である敬三さんの相続時、ローン残高を債務控除できず、相続税が高くなる可能性があります。

　敬三さんと孝一さんとの間で家族信託契約締結後、孝一さんは、アパートの賃借人4名と立退交渉（家賃未払の居住者については、家賃

7／築古アパートを所有する家族の解決事例　**169**

の支払いを不問とし、立退料を支払わず、退去することで合意）。

　その後、孝一さんは建物を解体、建築費を銀行から借入れし、ハウスメーカーと新築工事の契約を締結しました。一方、敬三さんは入院して2か月後、自宅に戻れず、介護付き有料老人ホームに入所しました。

　工事契約から1年後、アパートが完成し、賃借人募集後1か月で全部屋が満室になりました。今後は、孝一さんが毎月入る賃料からローンと敬三さんの介護施設費等を支払っていくこととなります。

## Advice

　高齢者が築古アパートを所有していた場合、立地や近隣の賃貸事情を加味しながら、建替えを検討する方も少なくありません。建替えをする場合、高齢者の健康状態を考慮して、家族信託を導入し、下の世代が高齢者に代わって、アパート建替えと建替え後のアパート管理をするという手法を提案してみましょう。

（上木　拓郎）

# 8 家族信託終了後の事例

山口家のケース

　知り合いの司法書士から、マイホーム購入時の売買登記を担当したクライアントから親のために家族信託を準備したいとの問合せがあったので、サポートしてあげてほしいと依頼を受けました。

## 1　状況の把握

　相談者は高田和子さん（54歳）で、家族信託についてはネットで調べたが、専門家に直接説明を受けたいとのことでした。早速ヒアリングしたところ、家族構成や親の資産は次のとおりでした。

### (1)　家族構成

- 父　山口睦夫さん（86歳）　1か月前に病院に入院
- 母　圭子さん　3年前に他界
- 長女　和子さん（相談者）　実家と同県で夫、未成年の子2名、計4名で暮らす
- 次女　瞳さん（52歳）　関西在住、夫、子はいない

### (2)　父の資産・収入状況

- 自宅　圭子さんと結婚後、単独で購入（評価額1,800万円）
- 預金　1,200万円
- 年金　15万円／月

8／家族信託終了後の事例　171

■ 図表 4 − 8 − 1

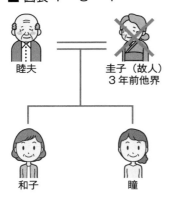

### (3) 父と長女の意向

　睦夫さんは現在入院していますが、リハビリ後、介護付き有料老人ホームに入所し、実家は今後も空き家の状態が続くようです。
　和子さんは、仕事や家事、子育て、義父の介護などの諸事情から、実家に引っ越すことはできません。また、今後の睦夫さんの介護にかかる費用を考えると、実家を売却しておきたいものの、今すぐ売却することに睦夫さんは納得していません。そのため、睦夫さんが認知症発症後でも不動産を売却できる余地を残しておきたいと考えています。

## 2　家族信託設定と設定後

　睦夫さんが入院中だったため、公証人が病院に出張し、睦夫さんを委託者、和子さんを受託者とする家族信託契約の公正証書が成立しました。ちなみに瞳さんは契約で受益者代理人として設定されていました。
　公正証書成立後、実家の所有権を和子さんに移転、信託登記を行いました。また、預金については、病院の許可を得た上で介護タクシーを利用して各銀行を回り、睦夫さんの預金口座から和子さんが作成し

た信託口座へ送金手続きをしました。

信託契約締結から1年後、睦夫さんが施設に移ってから、和子さんは瞳さんに相談した上で、実家を売却することを決めました。

筆者が実家のエリアに強い不動産会社を手配し、無事に不動産も売却することができました。以後睦夫さんが亡くなるまで、和子さんが年1回、信託の事務報告書と管理口座の通帳の写しを筆者と瞳さんに提出し、信託事務が安全に執り行われました。

■ 図表4－8－2

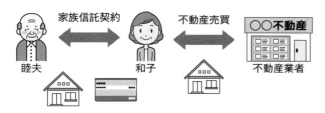

## ３　父の死亡

信託契約締結から3年半後、和子さんから睦夫さんの訃報を受け、和子さん、瞳さんと面談することになりました。今回の家族信託契約は、睦夫さんが死亡した時に終了するという内容であったため、信託の終了手続きが必要でした。

信託期間が満了（山口家のケースでは睦夫さんの死亡）したとき、信託の清算手続きが必要になります。この清算手続きは、信託終了時の受託者が清算受託者として行うことが一般的です。

信託の清算手続きとは、次のとおりです。

(1)　**未収債権の回収**

信託口座で管理する預金を払い戻し、アパートが信託財産の場合は、未収の家賃があれば賃借人に取立てを行います。

8／家族信託終了後の事例　173

## (2)　未払債務の返済

　未払いの税金や残ローンなどを上記(1)の現金から支払うことになります。

　また、信託終了に伴い支払いが必要な費用がかかる（不動産を信託財産にしている場合、次の(3)の段階で不動産登記が必要になり、その際、登録免許税がかかる）ので、信託された預金から支払うことができる旨の契約内容にしておきましょう。

## (3)　残った財産（残余財産の給付）

　信託契約の中に、信託終了時、残った信託財産を誰に帰属させるかを決めておくことが可能です。ここが遺言と同様の効力を有する部分です。財産を取得する方を帰属権利者といいます。信託財産が金銭であれば、上記(2)の返済で残った残金を、帰属権利者の指定の口座に振り込みます。不動産であれば、帰属権利者へ所有権移転登記（及び信託抹消登記）を行います。


　上記(1)～(3)の手続きが完了した後、清算受託者は信託事務の最終の収支を計算し、計算書を作成した上で、受益者（場合によっては受益者代理人）及び帰属権利者に承認を得ることになります。

　今回、和子さんが清算受託者として上記(1)～(3)を行うに当たり、筆者がサポートし、最終の計算書も筆者が作成代行、受益者代理人である瞳さんに承認を得て、手続きが完了しました。ちなみに、今回、残余財産である現金から、和子さんが60％、瞳さんが40％を取得するという内容でした。

（上木　拓郎）

## 第５章

# 家族信託の税務

# 家族信託の税務

 税制による信託設計の「カベ」

　家族信託を規定する信託法においては、当事者による私的自治を尊重する観点から、非常に自由度の高い信託設計が認められています。これは信託法の条文上、「信託行為に別段の定めがあるときは、その定めるところによる」との規定が数多く設けられていることからも感じ取ることができます。

　また、多様な信託の利用ニーズに対応するため、委託者が自ら受託者となる自己信託や、将来生まれてくる子を受益者とするような受益者の存在しない信託等、さまざまな類型の信託が存在します。しかし、自由な設計が認められる信託法においては組成可能な信託であっても、信託税制からの制約により、実務上は組成することができないということが多々あります。委託者の想いや願いを信託法上は反映させることができたとしても、いざそれを実行しようとすると多額の税負担が発生し、現実的には実行不可能となる場合や、税務体系が複雑になりすぎるあまり、実行を断念せざるを得ない場合があるのです。

　このような一見理不尽な状況は、信託法と税法とでは、そもそも法律の目的が相違することから生じています。委託者と受託者の信認関係を土台とし、自由な財産管理のニーズに応えるために制定された信託法と、あくまで租税回避行為防止の観点から、課税の中立・公平を実現しようとする税法とでは、立法趣旨が異なるのです。これは、委託者の想いや願いを叶えるために家族信託を組成し、実行しようとしても、その実現を阻む、いわば税制の「カベ」が存在することを意味します。

家族信託に関わる相続コンサルタントにとっては、この「カベ」に対する知識が必要不可欠となります。例えば、専門士業と協業し、クライアントの想いを丁寧に汲み取って家族信託を組成したとしても、いざそれを実行した場合に、当初予想していなかった税金がかかってしまい、クライアントが多額の負担を余儀なくされたらどうなるでしょう？　相続コンサルタントとそのクライアントとの信頼関係は大きく揺らいでしまうことになります。場合によっては訴訟に発展する可能性もあるでしょう。クライアントの想いを叶えようとして行ったことも、これでは逆効果となってしまいます。

　そのような事態を未然に防ぐためにも、相続コンサルタントは信託税制に対する感度を培っておく必要があるのです。そこで、この章では、家族信託に接する相続コンサルタントが知っておくべき信託税制に関する最低限の知識と、実務において問題となる信託税制の「カベ」について解説します。なお、家族信託の場面においては、ほとんどのケースで委託者と受益者は個人であるため、この章においても特に断りがない限り、委託者と受益者が個人であることを前提として記載します。

　**家族信託における課税類型**

### (1)　信託税制の概要

　信託に対する課税類型にはさまざまなものがあり、税法上の信託の分類ごとに課税方法が異なります。しかし、家族信託の場面で登場する課税類型としては、「受益者等課税信託」と「法人課税信託」の2類型に限定されます。したがって、相続コンサルタントとしては、この2類型に対する理解があれば十分ということになります。まずは、それらの信託についての概要を説明します。

① 　受益者等課税信託

　信託税制においては、この受益者等課税信託が原則的な取扱いとな

ります。本書で取り上げる「家族信託」においても、ほぼすべてこの類型になるでしょう。

受益者等課税信託の考え方はいたってシンプルです。すなわち、信託財産の形式的な所有者である受託者ではなく、実質的な所有者である受益者に着目し、受益者が信託財産を所有しているものとみなしてすべての課税関係が整理されています。

② 法人課税信託

受益者が存しない信託や受益証券を発行する信託、法人が委託者となる信託のうち一定のものなど、受益者に課税することができない、あるいは課税することが適当でない信託が該当します。例えば、受益者が存在しない信託に対しては当然ながら受益者に課税することはできません。

また、受益証券を発行する信託については、受益権が次々と移転することが想定されるため、受益者に課税するとかえって課税関係が複雑になります。結論からいえば、このような信託については受益者ではなく受託者に課税することになっています。

## (2) 各税目の概要

信託税制を理解するためには、まず、そのベースとなる税目（所得税、相続税等の税金の種目）についての基礎知識が必要となります。なぜなら、そもそも信託税制は、それらの税目ごとに規定されているからです。もちろん、相続コンサルタントが各税目の細かい規定までをマスターする必要はありません。その概要が理解できていれば十分です。

家族信託に登場する主な税目としては、所得税・相続税・贈与税・法人税があります。以下、各税目の概要について解説します。

① 所 得 税

所得税は、個人の「所得」に対して課税する税金です。

「所得」とは、1年間の収入から経費を差し引いた、いわゆる「利益」のことをいいます。そして、利益のもととなる収入は、会社で働

いたことによる給料や、個人事業主の売上高、不動産を賃貸することによる賃料、有価証券の売却代金などさまざまであり、その性質によって税金の支払いに回せる能力、すなわち担税力に違いがあります。そこで、所得税ではその性質に応じて所得を10種類に区分し、それぞれの所得ごとに計算方法や課税の対象となる範囲を定めています。

　家族信託においては、不動産や有価証券を売却した際に生じる譲渡所得や、不動産を賃貸することによる生じる不動産所得が関係することになります。それぞれの計算方法は、以下のとおりです。

　(a)　譲渡所得

　　**売却による収入金額－売却した資産の取得費－譲渡費用**
　　　**＝譲渡所得**

　　建物の取得費は、購入代金や建築代金等から所有期間中の減価償却費相当額を差し引いた金額となります。また、譲渡費用は仲介手数料や売買契約書の印紙代等、売却のために直接必要な費用に限られます。

　(b)　不動産所得

　　**賃貸による総収入金額－必要経費＝不動産所得**

　　総収入金額には礼金や共益費を含みます。また、必要経費には賃貸料収入を得るために直接必要な固定資産税、損害保険料、減価償却費、修繕費等があります。

②　相 続 税

　相続税は、相続による財産の無償移転に着目し、財産を承継した相続人や受遺者に対して課税する税金です。相続税は、民法に規定されているルールを前提に計算することに特色があります。

　民法には、人が亡くなった場合に、その人の財産や債務についてどのように取り扱うかが定められています。相続税では、そのルールに従って財産を承継した結果に基づいて、それぞれの相続人や受遺者に対する税額を計算します。

1／家族信託の税務　179

③ 贈 与 税

　贈与税は、贈与による財産の無償移転に着目し、財産を贈与された受贈者に対して課税する税金です。贈与税は相続税の補完税といわれています。もし贈与税がなければ、生前にすべての財産を無税で贈与することにより、相続税を逃れることができてしまいます。

　そのような課税逃れを防ぐために、生前に贈与した財産に対しては、贈与税が課税されることになっています。また、その立法趣旨から、贈与税の税率は相続税の税率よりも高く設定されています。

④ 法 人 税

　法人税は、その法人の「所得」に対して課税する税金です。「所得」は1事業年度の収益から費用を差し引いて計算します。したがって、法人税は前述した所得税と同じタイプの税金といえます。個人の所得に対して課税する税金が所得税であり、法人の所得に対して課税する税金が法人税というわけです。

　ただし、所得税では所得を10種類に区分し、その性質に応じて計算方法や課税の対象となる範囲を定めていますが、法人税では所得の種類を区分することなく、法人の事業活動から生じたすべての所得に対し、まとめて税額を計算します。

# 3 受益者等課税信託

## (1) 受益者等課税信託の基本構造

　信託を設定した場合、信託財産の名義人は委託者から受託者に変更されます。したがって、通常であれば信託財産に帰属する収益及び費用は、信託財産の名義人である受託者に帰属します。また、信託財産の所有権が委託者から受託者に移転することになるため、形式的には委託者から受託者への財産の移転になります。

　しかし、信託において受託者はあくまで信託財産の管理・処分等を行う者であって、実質的な所有者ではありません。実質的な所有者

180　第5章／家族信託の税務

■ 図表5-1-1　受益者等課税信託

は、信託財産からの利益を享受している受益者です。そこで、受益者等課税信託では、その実質的な所有者である受益者に着目し、受益者が信託財産に属する資産及び負債を所有するものとみなして課税関係を整理しています。

信託税制においては、この受益者等課税信託が原則的な取扱いとなります。家族信託の場面においても、ほぼすべてこの類型となるでしょう。受益者等課税信託では、信託財産に属する資産及び負債だけでなく、信託財産から生じる収益及び費用も受益者に帰属するとみなします。したがって、信託財産から生じた所得は受益者の所得となり、受益者に所得税が課税されます。また、所有権の移転ではなく受益権の移転に着目し、適正な対価を負担せずに受益権の移転を受けた、すなわち受益者になった個人には贈与税又は相続税が課税されます。

## (2) 信託効力発生時の課税関係

信託の効力が発生した時とは、信託契約による場合は原則として信託契約の締結時、遺言による場合はその遺言の効力発生時、自己信託による場合は公正証書の作成日や受益者への通知日となります。

その信託の効力が発生した時において適正な対価を支払わずに、すなわち無償で受益者となった者は、その信託の効力が発生した時において、その信託の受益権を、その信託の委託者から贈与により取得したものとみなされます。また、その取得が委託者の死亡に基因する場合には、遺贈により取得したものとみなされます。前者については、受益者に対し贈与税が課税されることになり、後者については相続税が課税されることになります。

　原則として、受益権の評価額は信託財産そのものの評価額となりますので、信託財産が不動産等の高額な財産であるケースでは、受益権の評価額も高額となり、贈与税や相続税の負担が問題となります。特に、委託者の生存中に信託がスタートする場合には、受益者に対する贈与税の負担が多額になり、信託の組成自体が困難となる場合があります。前述のように、相続税よりも贈与税の方が税率としては高く設定されているためです。

　そのような理由から、実務上では多くの場合、効力発生時の委託者と受益者を同一の者とし、受益者に贈与税が課税されないように信託を設計します。自分（委託者）から自分（受益者）への受益権の贈与となるため、贈与税の対象とならないのです。このような信託のことを「自益信託」といいます。

　自益信託とすることで、信託効力発生時の受益者への贈与税課税をなくすことができます。家族信託の場面においては、この自益信託の

■ 図表5－1－2　自益信託

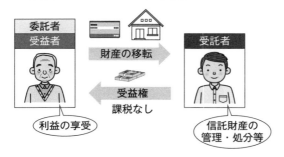

■ 図表5－1－3　他益信託

状態から信託をスタートさせることがほとんどでしょう。

　なお、信託の効力発生時の委託者と受益者が同一者でない信託のことを「他益信託」といいます。この場合は前述のとおり、信託の効力発生時に受益者に対して贈与税又は相続税が課税されることになります。

## (3) 信託期間中の課税関係

### ①　新たな受益者が存在することになった場合

　実務でもよくある例としては、受益者Aが存在する場合に、信託期間中において受益者Aに代わって受益者Bが新たな受益者となるケースです。この場合、無償で受益権を取得した受益者Bは、その取得した時において、その信託の受益権を、受益者Aから贈与により取得したものとみなされます。また、その取得が受益者Aの死亡に基因する場合には、遺贈により取得したものとみなされます。

　前者については、受益者Bに対して贈与税が課税されることになり、後者については相続税が課税されることになります。このような場合にも上記(2)で述べたとおり、受益者Bに対する贈与税の負担が問題となります。したがって、このような受益権の移転を実行するに当たっては、贈与税の負担がいくらになるのかの事前の確認が必須となります。

　実務においては、受益者Aの死亡を基因として受益者Bに受益権が移転する設計とし、受益者Bに対して相続税の課税を想定するケー

■ 図表5－1－4　新たな受益者が存在することになった場合

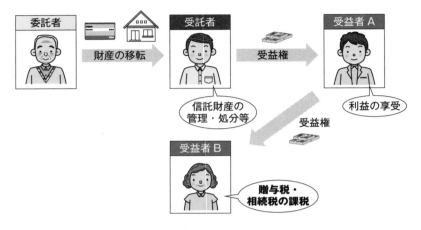

スが多いでしょう。
②　一部の受益者が存しなくなった場合
　例えば、受益者Aと受益者Bが存在する場合に、受益者Bがその信託の受益権を放棄する場合や、受益者指定権等の行使により、受益者Bが受益権を失う場合が該当します。このような場合、受益者Aが受益権を取得したとみなされ、無償で受益権を取得した受益者Aは、その取得した時において、その信託の受益権を、受益者Bから贈与により取得したものとみなされます。
　また、その取得が受益者Bの死亡に基因する場合には、遺贈により取得したものとみなされます。前者については、受益者Aに対して贈与税が課税されることになり、後者については相続税が課税されることになります。
③　信託財産から生じる収益及び費用の帰属
　受益者等課税信託においては、受益者が信託財産に属する資産及び負債を所有するものとみなし、かつ、信託財産からの収益及び費用も受益者に帰属するとみなします。したがって、信託財産から生じた所得は受益者の所得となり、受益者が所得税の申告を行うことになります。

例えば、委託者である父が、所有する賃貸マンションについて、長男を受託者として信託するとします。賃貸マンションの名義人は受託者である長男に変更されます。通常であれば、名義人である長男に財産の収益及び費用が帰属するため、所得税の確定申告は長男が行います。

　しかし、信託の場合は、あくまで実質的に利益を享受している受益者に信託財産からの収益及び費用が帰属するものとされます。自益信託の場合は、委託者と受益者が同一の者となるため、受益者は父です。したがって、信託後も父が所得税を申告することになります。

　一方、他益信託の場合は、委託者と受益者は同一の者ではありません。したがって、父ではなく、受益者として指定された者が所得税を申告することになります。

④　損益通算の特例

　所得税の計算においては、不動産所得や事業所得などから生じた損失、つまり赤字は他の所得から控除することができます。これを損益通算といいます。

　ただし、信託財産から生じた不動産所得の赤字については、損益通算が認められないことになっています。これは、レバレッジド・リースを活用した節税スキームが信託を設定することによっても可能となるため、その規制の対象を信託まで拡張したものです。したがって、賃貸マンション等の収益物件を信託財産とする場合には、事前に大規模修繕や建替え等による多額の経費発生を想定し、不動産所得が赤字とならないような対策をしておく必要があるでしょう。

## (4)　信託終了時の課税関係

　信託の終了事由はさまざまありますが、一般的には信託行為に定めた事由が生じた時に終了することが多いでしょう。

　家族信託での代表的な例は、信託財産の売却や受益者の死亡による信託の終了です。受益者が存する信託が終了した時において、無償で残余財産の給付を受けるべき、又は帰属すべき者となる者は、その給

1／家族信託の税務　185

付を受けるべき、又は帰属すべき者となった時において、その残余財産をその信託の受益者から贈与により取得したものとみなされます。

また、その取得が受益者の死亡に基因する場合には、遺贈により取得したものとみなされます。前者については、その給付を受けるべき、又は帰属すべき者に対し贈与税が課税されることになり、後者については相続税が課税されることになります。

なお、信託の終了直前にその者が受益者であった場合には、その有していた受益権に相当する部分の残余財産は課税の対象から除かれます。

ところで、信託法においては、残余財産は残余財産受益者や帰属権利者に帰属すると規定されています。しかし、税法においては「残余財産の給付を受けるべき、又は帰属すべき者」として、残余財産受益者や帰属権利者に限らず、その範囲を広めています。そうすることで、例えば受益権が複層化された信託（後述）の元本受益者が、信託の終了により元本受益権に相当する部分以外の残余財産の給付を受けた場合等にも適用できるようにし、課税漏れが生じないようにしています。

## (5)　信託財産に属する債務と相続税の債務控除

### ①　相続税の債務控除

被相続人が亡くなった時点で支払わなければならないことが確実であった債務で、相続人又は包括受遺者が負担するものは、相続税の計算上、相続財産から控除することができます。例えば、被相続人が銀行借入れで賃貸マンションを建設していた場合、亡くなった時点での借入金残高を、その被相続人の相続財産からマイナスすることができます。

では、そのような借入金付きの信託財産を、受益者の死亡による信託終了に伴い、帰属権利者が取得したような場合はどうなるのでしょうか。

186　第5章／家族信託の税務

② 信託の場合の債務控除の留意点

　受益者等課税信託においては、受益者が信託財産に属する資産及び負債を所有するものとみなして課税関係が整理されています。したがって、信託財産である賃貸マンションについての借入金も、信託を設定していない場合と同様に被相続人の相続財産から控除することができるように思われます。

　しかし、信託税制の条文上は、信託終了時に「債務」を承継することが想定されていません。これは、そもそも信託法において、信託終了時には信託を清算することが前提とされており、残余財産受益者や帰属権利者は、信託財産に属する債務を弁済した後の「残余財産」の給付を受けることとされているためです。

　なお、信託財産よりも債務が大きい場合は、破産手続きに移行することになっています。このため、信託税制においても、信託終了時には債務弁済後の「残余財産」を取得すると規定され、債務の承継は想定されていません。条文構成からも、受益者が信託財産に属する資産及び負債を所有するものとみなされるのは、信託の効力発生時から信託期間中までと読み取れます。そうすると、相続税の計算において、信託財産に属する債務を債務控除の対象としてよいものか、課税上の疑いが生じます。

　信託を設定している場合と設定していない場合とで税務上の取扱いに差異があることについての合理性はともかくとして、実務上の対応としては、そのような疑いが生じないように信託を組成しておく必要があります。例えば、信託終了時ではなく、信託期間中において、受益権を遺贈によりいったん取得してから信託を終了する受益者連続型信託を組成することが考えられます。

## (6) 受益者の範囲

① 信託法と税法の「受益者」の違い

　信託法において受益者は「受益権を有する者」とされています。実は、信託法における受益者の範囲と税法における受益者の範囲は異な

ります。

　税法における受益者は「受益者としての権利を現に有する者」及び「みなし受益者」とされています。「みなし受益者」は、税法独自の概念です。このような差異は、信託法と税法の目的の違いから生じています。税法の目的はあくまで租税回避行為の防止、すなわち課税漏れを防ぐことです。

　受益者等課税信託においては、信託財産の実質的な所有者である受益者に着目し、受益者が信託財産を所有しているものとみなしてすべての課税関係が整理されています。したがって、信託における課税漏れを防止するという税務上の観点からは、どこまでを「受益者」の範囲とするのかが非常に重要になります。

　そのため、各税目において受益者の範囲が詳細に規定されています。その規定の中で、税法ではより実態に配慮し、信託法における受益者のうち、「受益者としての権利を現に有する者」を税法上の受益者としてその範囲を限定した上で、実質的に受益者と同等の地位にある者を「みなし受益者」として受益者に含めています。

　なお、所得税法及び法人税法においては「みなし受益者」と規定され、相続税法においては「特定委託者」と規定されていますが、各税目における受益者の範囲は同じです。

　家族信託の組成に当たり、このように信託法と税法とで受益者の範囲に差異がある点には注意が必要です。なぜなら、その差異を考慮せずに家族信託を組成した結果、信託法においては受益者とならない者が税法上のみなし受益者とされ、その者に当初予定していなかった多額の税負担を強いる結果となる可能性があるからです。そのようなこ

■ 図表５－１－５　受益者の範囲

| | 信託法 | 税法 |
|---|---|---|
| 受益者としての権利を現に有する者 | ○ | ○ |
| みなし受益者 | × | ○ |

188　第５章／家族信託の税務

とになれば、相続コンサルタントとクライアントとの信頼関係は大きく揺らいでしまうことになるでしょう。

② 受益者としての権利を現に有する者

信託法においては、多様な信託の利用ニーズに対応するため、さまざまな類型の信託が認められています。それらの信託においては、信託法上は受益者とされる者であっても、「受益者としての権利を現に有しない者」が登場する場合があります。例えば、一定の事由が発生するまでは受益者とならない者や、まだ生まれていない受益者などです。

税法においてはその点に着目し、「受益者としての権利を現に有する者」のみを税法上の受益者とし、「受益者としての権利を現に有しない者」は受益者として取り扱わないこととしています。例えば、信託法上の「残余財産受益者」は税法上の受益者に含まれますが、「帰属権利者」は税法上の受益者には含まれません。

両者とも最終的に信託財産を受け取る者という立場は同じです。しかし、残余財産受益者は信託の終了前から受益権を有しているのに対し、帰属権利者は信託が終了するまでは受益権を有しません。したがって、信託終了前の帰属権利者は「受益者としての権利を現に有する者」に含めないことになっています。

その他、停止条件が付された信託財産の給付を受ける権利を有する者については、条件成就前は受益権を現に有しているとはいえません。また、委託者の死亡の時に受益権を取得する者や委託者の死亡の時以後に信託財産の給付を受ける受益者については、委託者の死亡前は受益者としての権利を現に有するとはいえません。したがって、それらの者も税法上の受益者には含まれないことになっています。

③ みなし受益者

税法においては、多様な類型の信託に対応するため、「受益権を現に有する者」だけでなく、税法独自の概念である「みなし受益者」も受益者に含め、課税の対象としています。

「みなし受益者」は実質的に受益者と同等の地位にある者とされて

1／家族信託の税務　189

います。具体的には、信託の変更をする権限を現に有し、かつ、信託財産の給付を受けることとされている者をいいます。

相続税法において、みなし受益者を「特定委託者」と表現していることからも分かるとおり、税法は委託者をみなし受益者の主な対象としています。その理由として、税法では次のようなケースを想定しているからと考えられます。

信託財産のそもそもの所有者であった委託者が受益者を変更する権限を持ち、かつ、残余財産の給付を受けるような他益信託を組成した場合、信託期間中は委託者ではなく受益者に所得税が課税されることになります。そうすると、その期間中は委託者が超過累進税率による高税率で所得税を課税されることを避けつつ、信託期間の終了後には元の状態に戻すというような租税回避が可能になってしまいます。

実は、2006（平成18）年の信託法改正前の税法では、受益者が存在しない場合には委託者が信託に関する権利を有することとされていました。信託財産はそもそも委託者の財産であったからです。

しかし、改正後の信託法においては、委託者は原則として何らの権利も有さないことが明確となったため、単に委託者であることのみをもって課税関係を構築するのではなく、一定の財産権を有するか否かで判断することとなりました。

そのメルクマールとされたのが、「信託の変更をする権限を現に有し」、かつ、「信託財産の給付を受けること」という要件です。このようにみると、改正後の税制においては形式的な判断基準から実質的な判断基準に変更されたとはいえ、信託財産の所有者であった委託者による租税回避行為を防止するという根本的なスタンスは変わっていないということが分かります。

ただし、改正後の税制においては、委託者以外の者もみなし受益者になり得ます。また、信託法上は委託者や受託者として違う立場の者が、税法上は同じ「受益者」として扱われるということもあり得るため注意が必要です。

190　第5章／家族信託の税務

(a) 「信託を変更する権限を現に有する」とは

信託法において、信託の変更は、信託行為に別段の定めがない場合を除き、委託者、受託者及び受益者の合意によってすることができます。ただし、信託の目的に反しないことが明らかであれば委託者の合意は不要です。かつ、受益者の利益に適合する場合は受益者の合意も不要となり、同様に、受託者の利益に適合する場合は受託者の合意は不要となります。

税法上のみなし受益者の要件である「信託を変更する権限」には、単独で信託の変更をすることができる権限はもとより、他の者との合意により信託の変更をすることができる権限も含まれているため、信託行為に別段の定めがなければ、委託者、受託者及び受益者のいずれもが信託を変更する権限を現に有していることになります。

ただし、みなし受益者の要件からは、信託の目的に反しないことが明らかである場合に限り信託の変更をすることができる権限、すなわち軽微な変更をする権限は除かれています。したがって、委託者、受託者及び受益者がそのような軽微な変更をする権限のみを持つ場合は、みなし受益者の要件には該当しないことになります。

(b) 「信託財産の給付を受けることとされている者」とは

みなし受益者の要件である「信託財産の給付を受けることとされている者」の代表例は帰属権利者です。前述のとおり、信託終了前の帰属権利者は「受益者としての権利を現に有する者」には該当しません。残余財産受益者と違い、その時点では受益権を有していないからです。

しかし、残余財産受益者と同様に、信託財産の給付を受けることとされている者であることに変わりはありません。したがって、帰属権利者が信託を変更する権限を現に有する場合は、みなし受益者として税法上の受益者に含まれることになります。

また、「信託財産の給付を受けることとされている者」には、停止条件が付された信託財産の給付を受ける権利を有する者を含みます。したがって、条件成就前は受益者としての権利を現に有してい

1／家族信託の税務　191

ないとして、税法上の受益者には該当しなかった者でも信託を変更
する権限を現に有する場合は、帰属権利者と同様に、みなし受益者
として税法上の受益者に含まれることになります。

このように、受益者としての権利を現に有しないため税法上の受
益者に該当しなかった者でも、信託を変更する権限（軽微な変更を
する権限を除く）を現に有し、かつ、信託財産の給付を受ける者で
あれば、受益者として復活することになります。

④　みなし受益者の例

そもそも信託法において信託を変更する権限を有するとされる委託
者や受託者が信託行為において帰属権利者に指定されていれば、それ
らの者はみなし受益者に該当する可能性があります。

また、信託行為において残余財産受益者や帰属権利者が定められて
いない場合や、残余財産受益者や帰属権利者として指定されたすべて
の者がその権利を放棄した場合は、信託法上、委託者が帰属権利者に
なります。したがって、そのような場合の委託者は、信託を変更する
権限を現に有し、かつ、信託財産の給付を受けることとされている者
となることから、みなし受益者に該当します。

国税庁が定める法令解釈通達では、以下の者が、原則としてみなし
受益者に該当すると例示されています。

(a)　帰属権利者として指定されている委託者

(b)　残余財産受益者又は帰属権利者の指定がない場合の委託者

(c)　残余財産受益者又は帰属権利者として指定されたすべての者が
その権利を放棄した場合の委託者

(d)　停止条件が付された信託財産の給付を受ける権利を有する者
で、かつ、信託の変更をする権限を有する者

# 4 法人課税信託

## (1) 法人課税信託の概要

　信託税制においては、受益者等課税信託が原則的な課税類型となります。しかし、信託法においては多様な信託の利用ニーズに対応するため、非常に自由度の高い信託設計が認められています。その結果、受益者等課税信託の範疇に収まらない信託も存在することになります。すなわち、受益者に課税することができない、あるいは課税することが適当でない信託です。

　例えば、甲がその所有する賃貸マンションを、将来生まれてくる長男の子（孫）のために、長男に信託するとしましょう。すなわち、甲を委託者、長男を受託者、将来生まれてくる孫を受益者とする家族信託です。

　このような信託は、受益者が存在しない信託ということになります。なぜなら、その組成時点において、孫がまだ生まれていないからです。したがって、受益者等課税信託という枠組みの中では、課税の対象が存在しないことになります。

　そうすると、そのような信託を組成することによって、本来は孫に帰属するべきであった賃貸マンションの所得に対して、所得税を課税することができなくなってしまいます。また、賃貸マンションについての受益権は甲から孫に贈与されたものとみなされますが、組成時点において孫が生まれていないため、その贈与税も課税できないことになってしまいます。

　これは、租税回避行為の防止、すなわち課税漏れを防ぐことをその目的とする税法の立場からは看過できない状況です。そのような理由から、信託税制には「法人課税信託」という受益者等課税信託とは別の課税類型が準備されています。

　法人課税信託においては、受託者が信託財産に属する資産及び負債

1／家族信託の税務　193

■ 図表５－１－６　法人課税信託

を所有するものとされています。原則的な課税類型である受益者等課税信託では、実質的な所有者である受益者に着目し、受益者が信託財産に属する資産及び負債を所有するものとみなして受益者に課税していました。その受益者が存在しない場合は、次善の策として形式的な名義人である受託者を課税の対象としたわけです。法人課税信託では、受託者が個人であっても法人とみなして法人税が課税されます。「法人課税信託」たる所以です。

法人課税信託にはさまざまな種類がありますが、家族信託の場面で登場する信託としては、「受益者が存しない信託」、「受益証券を発行する信託」及び「法人が委託者となる信託で一定のもの」の３種類に限定されます。したがって、相続コンサルタントとしては、この３種類の信託に対する理解があれば十分ということになります。

なお、法人課税信託の課税体系はきわめて複雑であるため、実務上は法人課税信託に該当しないように家族信託を組成するという対応になります。したがって、組成した家族信託が法人課税信託に該当するということは、当初想定していなかった課税が発生する可能性が高いことを意味します。そのような状況を避けるためにも、どのような場合に法人課税信託に該当するのか、また、法人課税信託に該当した場合にはどのような課税がされるのかについて理解しておく必要があります。

## (2) 受益者が存しない信託

受益者が存しない信託の具体例としては、信託の効力発生時に以下のような者が受益者である信託が考えられます。

- ・まだ生まれていない子や孫
- ・まだ養子縁組をしていない将来の養子
- ・未婚の長女の将来の夫
- ・委託者がかわいがっていたペット

受益者が存在しない信託の課税類型は、法人課税信託となります。

法人課税信託では、受託者が信託財産に属する資産及び負債を所有するものとし、信託財産から生じる収益及び費用も受託者に帰属するものとして課税関係が整理されています。

① 信託効力発生時の課税関係

(a) 受託者に対する課税

法人課税信託においては、受託者が個人であっても法人とみなすことになっています。これは、受託者に課税する法人課税信託の所得は、最終的にはその受益者に帰属することになりますが、その点において、法人税の対象となる法人の所得が最終的に株主のものになることと類似する面があるからです。したがって、受託者の所得に対しては法人税が課税されます。この場合、受託者たる法人において、信託された財産の時価相当額の受贈益が計上されることになります。そして、その受贈益に対して法人税が課税されます。

さらに、将来において受益者となる者が委託者の親族である場合には、今度は受託者が法人であっても、個人とみなして贈与税又は相続税（委託者の死亡により信託の効力が発生する場合）が課税されます。この場合、先に課税された法人税は、贈与税又は相続税から控除されます。これは、本来、贈与や相続によって親族に財産を移転する場合に課税される贈与税や相続税を、税率の低い法人税の負担によって移転させようとする租税回避行為を防止するためです。

1／家族信託の税務　195

家族信託においては、将来において受益者となる者は、委託者の親族である場合がほとんどでしょう。したがって、家族信託によって受益者が存在しない信託を組成すると、このような複雑な課税体系になる可能性が高いことになります。

(b)　委託者に対する課税

　委託者は受託者たる法人に対して、信託財産を贈与又は遺贈（委託者の死亡により信託の効力が発生する場合）したことになります。所得税法上、法人に対する贈与又は遺贈は、その時の時価相当額による譲渡とみなされます。したがって、委託者は信託財産を信託効力発生時の時価で売却したものとみなされ、その譲渡所得に対して所得税が課税されることになります。

　この場合、委託者は売却代金を実際に受け取るわけではありません。あくまで税法上においては譲渡とみなす、というだけだからです。つまり、売却代金を得ていないにもかかわらず、委託者に対して多額の所得税が課税される可能性があることになります。

② 信託期間中の課税関係

　法人課税信託においては、受託者が信託財産に属する資産及び負債を所有するものとされています。

　そして、信託財産から生じる収益及び費用は受託者に帰属することとされています。したがって、信託期間中に生じた信託財産からの所得に対しては受託者たる法人に対して法人税が課税されます。

③ 信託終了時の課税関係

　受益者が存在しない信託について、受益者が存在しないままその信託が終了した場合には、その法人課税信託の受託者たる法人の解散があったものとされます。

　また、受益者が存在しない信託について、受益者が存在することになった場合には、法人課税信託から受益者等課税信託に移行したことになるため、その法人課税信託の受託者たる法人の解散があったものとされます。この場合、その移行に伴う受託者及び受益者となる者に対する課税はありません。

196　第5章／家族信託の税務

ただし、その受益者となる者が、信託の効力発生時において委託者の親族である場合には、その者が受益者となる時において、その受益者に対して受益権の贈与があったものとみなされ、贈与税が課税されます。例えば、祖父を委託者、長男を受託者とし、信託効力発生時にまだ生まれていない孫を受益者とした場合には、信託効力発生時において、すでに受託者である長男に対して贈与税が課税されています。したがって、同じ財産に対して、信託の効力発生時には長男に、信託終了時には受益者となる孫に、それぞれ贈与税が課税されることになります。

　なぜ、課税済みの財産に再度課税するのかというと、世代飛ばしによる租税回避行為を防止するためです。すなわち、まだ生まれていない孫に財産を承継させようとする場合、通常であれば、祖父から長男に財産を承継させた上で、孫が生まれたのちに、長男から孫へ財産を承継させる必要があります。つまり、少なくとも2回は財産を移転させる必要があり、それに伴い、贈与税や相続税が少なくとも2回は課税されることになります。しかし、受益者の存しない信託を組成し、祖父からまだ生まれていない孫へ直接財産を移転することができれば、移転する回数は1回で済みます。それにより、課税される回数も減らすことができてしまうため、そのような租税回避行為を防止することを目的としています。

## (3)　受益証券を発行する信託

　受益権を表示する証券を受益証券といいます。

　受益証券を発行する場合は、信託行為においてその旨を定める必要があります。したがって、その定めがない場合は受益証券を発行する信託に該当しないことになります。

　受益証券を発行する信託の課税類型は、法人課税信託です。法人課税信託においては、信託財産は委託者から受託者たる法人への出資とみなされ、その受益権を株式とみなし、受益者は株主に含まれます。つまり、受託者と受益者の関係を、通常の法人と株主の関係にトレー

1／家族信託の税務　**197**

スしたような形で課税関係が整理されています。

　信託設定時には委託者が信託財産を時価で譲渡したものとみなされ、その譲渡所得に対して所得税が課税されます。そして、信託期間中に生じた信託財産からの所得に対しては、受託者たる法人に対して法人税が課税され、分配金は受益者に対する配当所得として所得税が課税されます。

　このような複雑な課税体系は、家族信託になじむものではありません。したがって、実務上は信託行為において受益証券を発行する旨を記載するようなことはせず、受益証券を発行する信託に該当しないように家族信託を組成するという対応になります。

## (4)　法人が委託者となる信託で一定のもの

　家族信託において、法人が委託者となるケースはほとんどないでしょう。強いていえば、オーナーの資産を管理・運用するために設立した資産管理会社を委託者とし、その所有する不動産を信託しようとするような場合が考えられます。

　しかし、租税回避のおそれがあることから、法人を委託者とする信託で、次の①～③に該当するものについては、受託者に対して法人税を課税することになっています。実務上はこのような信託に該当しないように家族信託を組成するという対応になりますが、これらの要件はきわめて難解であるため、法人を委託者とする信託を検討する場合は、必ず税理士等の税務の専門家に相談するようにしましょう。

① 　法人を委託者とする信託で、その法人の重要な事業を信託し、かつ、その法人の株主が取得する受益権の割合が、すべての受益権の50％超となることが見込まれるもの
② 　法人を委託者とする自己信託で、その存続期間が20年を超えるもの
③ 　法人を委託者とする自己信託で、その信託から生じる収益の分配割合が変更可能なもの

## 5 受益権の評価

### (1) 通常の場合

信託税制において受益権が贈与や遺贈されたものとみなされる場合には、その受益権が贈与税や相続税の課税対象となります。

受益権の評価方法は国税庁が発遣する財産評価基本通達に定められており、「課税時期における信託財産の価額によって評価する」とされています。つまり、受益権の対象となる信託財産が土地であれば、その受益権は「土地」として評価され、有価証券であれば「有価証券」として評価されます。したがって、税法上は信託財産そのものを贈与や遺贈した場合と同じ扱いとなります。

### (2) 受益権複層化信託の場合

#### ① 受益権の複層化とは

例えば、土地の所有者がその所有する土地を賃貸した場合、所有者にはその賃貸料を受け取る権利があります。また、その所有する土地を売却した場合、その売却代金を受け取る権利もあります。通常の「所有権」であれば、この「賃貸料を受け取る権利」と「売却代金を受け取る権利」を分離することはできません。

一方で、土地の所有者がその土地を信託して「受益権」を取得した場合、その受益権については、「賃貸料を受け取る権利」と「売却代金を受け取る権利」に分離することができます。このような複層化された受益権について、前者を「収益受益権」、後者を「元本受益権」といいます。

受益権を収益受益権と元本受益権に複層化することにより、「今後10年間の土地からの収益受益権を妻に、元本受益権を長男に」というような信託を組成することが可能になります。

1／家族信託の税務　199

② 受益権複層化信託の評価

　収益受益権と元本受益権で構成される受益権複層化信託の評価は、収益受益権と元本受益権に分けて行います。そして、その合計額は信託財産そのものの評価額、すなわち分ける前の受益権の評価額と同額になります。計算方法としては、まず収益受益権の評価額を算出し、信託財産そのものの評価額から収益受益権の評価額を差し引くことにより元本受益権の評価額を算出します。具体的な評価方法は、以下のとおりです。

　(a)　収益受益権の評価方法

　　受益者が将来受けるべき利益を現在価値に換算した金額の合計額

　(b)　元本受益権の評価方法

　　信託財産の評価額－収益受益権の評価額

　収益受益権の評価額は、収益受益権の受益者が将来受け取ると推定される金額を、それぞれの受け取る時点から現在の価値に換算した金額の合計額により評価します。例えば、1年後に受け取る予定の100万円は、現在の価値に換算すると100万円より少なくなります。なぜなら、1年後の100万円は、お金を1年間運用することにより利息が付いた結果、100万円になると考えるからです。したがって、現在の価値は、100万円から利息相当分が割り引かれることになります。

　同様に、2年後に受け取る予定の100万円は、お金を2年間運用することにより利息が付いた結果、100万円になると考え、2年間の利息相当分が割り引かれます。収益受益権は、そのような将来受け取ると推定される利益の現在価値の合計額により評価します。

## (3)　受益者連続型信託の場合

① 受益者連続型信託の範囲

　信託法においては、受益者連続型信託の範囲について明確な定めはありません。信託法91条に受益者の死亡を基因とした「後継ぎ遺贈型」受益者連続型信託の効力についての規定があるのみです。

　しかし、信託税制においては租税回避行為防止のため、その範囲が

明確に定められています。税法上の受益者連続型信託の範囲は、以下のとおりです。

　(a)　信託法 91 条に規定する受益者の死亡により他の者が新たに受益権を取得する旨の定めのある信託

　(b)　信託法 89 条 1 項に規定する受益者を指定し、又はこれを変更する権利（受益者指定権）を有する者の定めのある信託

　(c)　受益者の死亡その他の事由により、その受益者の有する信託に関する権利が消滅し、他の者が新たな信託に関する権利を取得する旨の定め（受益者の死亡その他の事由により順次他の者が信託に関する権利を取得する旨の定めを含む）のある信託

　(d)　受益者の死亡その他の事由により、その受益者の有する信託に関する権利が他の者に移転する旨の定め（受益者の死亡その他の事由により順次他の者に信託に関する権利が移転する旨の定めを含む）のある信託

　(e)　(a)〜(d)以外の信託でこれらの信託に類するもの

　このように、(a)の後継ぎ遺贈型受益者連続型信託にとどまらず、(c)〜(e)のように受益者の死亡以外の事由（上記「その他の事由」部分）を受益権の移転の基因とする信託も網羅的に受益者連続型信託の範囲に含めています。

　なお、(b)受益者指定権を有する者の定めのある信託については、受益権に期間制限があるという点において受益者連続型信託と同様であるため、その範囲に含まれています。

② 受益者連続型信託の評価

　受益者連続型信託では、その受益権に期間制限がある場合や、その権利を自由に処分することができない場合があります。例えば、受益者 1 人当たりの信託期間が 10 年間という受益者連続型信託については、受益権に期間制限があり、かつ、その権利を次の受益者に引き継がせる必要があるため、自由に処分することができません。

　また、受益者の死亡により受益権が移転する後継ぎ遺贈型受益者連続型信託については、生前にその権利を自由に処分することができな

1／家族信託の税務　201

いことになります。したがって、通常の「所有権」に比べ、その権利に制限が付されているといえます。

しかし、税法上の評価においては、それらの制約が付されていないものとして評価することになっています。これは、相続税や贈与税の計算に際しての財産の評価は、相続や贈与の時におけるその財産そのものの時価で行うことになっており、その財産の消滅リスクについては加味されないことから、受益者連続型信託の受益権の評価についても同様に取り扱い、他の財産の評価との均衡を保つためとされています。

③ 受益権が複層化された受益者連続型信託の評価

受益者連続型信託で、かつ、受益権が収益受益権と元本受益権に複層化された信託の評価に当たっては、その収益受益権に付されている期間の制限やその他の制約はないものとされます。したがって、この場合の収益受益権の評価額は、信託財産そのものの評価額となります。

一方で、元本受益権の評価額はゼロとなります。つまり、受益権が複層化された受益者連続型信託の場合、収益受益権の取得者がすべての権利を所有しているとして課税されることになります。

ただし、信託が終了した際に元本受益者がその残余財産を取得した場合には、元本受益者に対して贈与税又は相続税が課税されます。

 家族信託に関するその他の税金

### (1) 固定資産税

固定資産税は、毎年1月1日現在の固定資産の所有者に対して課税される税金です。総務大臣が定める固定資産税評価基準に基づいて計算された固定資産の評価額に、原則として1.4％の税率を乗じて計算します。

土地や建物を信託した場合、信託財産であるそれら不動産の登記簿

において、委託者から受託者へと所有者が変更されます。したがって、登記簿上の所有者である受託者に対して固定資産税が課税されることになります。

　しかし、信託財産の実質的な所有者は、信託財産からの利益を享受している受益者です。よって、実務上は信託財産として固定資産とともに金銭を拠出し、その拠出された金銭の中から、固定資産税の支払いが行われます。

## (2)　登録免許税

　登録免許税は、不動産の登記や商標権の登録等をした場合に、その登記、登録等を受ける者について課税される税金です。

　土地や建物を信託した場合、その土地や建物の名義人は、委託者から受託者に変更されることになります。それに伴い、委託者から受託者への所有権移転登記及び信託登記が必要となります。

　信託登記とは、信託財産の分別管理の一環として、その不動産が信託財産であることを明示するために行われる登記です。委託者や受益者に関する事項や信託の目的等、信託の内容を記載した信託目録が登記されます。

　不動産を信託した際の登録免許税は、その不動産の固定資産税評価額に以下のような一定の税率を乗じて計算します。

① 信託設定時

　土地や建物を信託した場合、委託者から受託者への所有権移転登記が必要となります。所有権の移転登記については、原則として2%の登録免許税が課税されます。

　ただし、委託者から受託者へ信託のために財産を移転する場合の登記については、登録免許税は課税されないことになっています。これは、信託における委託者から受託者への所有権移転は、形式的なものであると考えられるためです。また、所有権移転登記と同時に行う必要のある信託登記については、原則として0.4%の登録免許税が課税されます。

1／家族信託の税務　203

② 受益権の移転時

受益権の売買等によって受益者が変更された場合には、信託目録の内容を変更する必要があります。信託目録の変更登記については不動産1個につき1,000円の登録免許税が課税されます。なお、受託者の変更については、登録免許税は課税されません。

③ 信託終了時

信託が終了した場合、信託された土地や建物の名義は、受託者から残余財産受益者又は帰属権利者に変更されることになります。それに伴い、受託者から残余財産受益者又は帰属権利者への所有権移転登記及び信託登記の抹消が必要となります。この場合の所有権の移転登記については、原則として2%の登録免許税が課税されます。また、信託登記の抹消については、不動産1個につき1,000円の登録免許税が課税されます。

④ 特例的な取扱い

以下のような信託については、実質的な所有者が委託者から変更されていないと考えられるため、その終了時の所有権移転に対して登録免許税は課税されないことになっています。

(a) 信託の効力発生時から信託期間を通じて委託者のみが元本受益者であること

(b) (a)の受益者が信託の効力発生時から信託期間を通じて委託者であること

(c) 信託終了時に(a)の受益者に所有権を移転すること

また、信託の効力発生時から信託期間を通じて委託者のみが元本受益者である信託で、その信託の効力発生時にその委託者の相続人であった受益者に所有権を移転する場合の登記については、相続による移転登記とみなされます。したがって、通常の信託終了時の所有権移転の登記に比べ、登録免許税は0.4%に軽減されることになります。

## (3) 不動産取得税

不動産取得税は、不動産を取得した者に対して課税される税金で

204 第5章／家族信託の税務

す。その不動産の固定資産税評価額に一定の税率を乗じて計算します。不動産を信託した際の不動産取得税は、以下ように計算されます。

① 信託設定時

　土地や建物を信託した場合、委託者から受託者への所有権移転登記が行われるため、受託者が信託財産である不動産を取得したことになります。しかし、信託における委託者から受託者への所有権移転は形式的なものであるため、不動産取得税は課税されないことになっています。

② 受益権の移転時

　受益権の売買等によって受益者が変更された場合でも、登記簿上の名義人である受託者に変更はありません。したがって不動産取得税は課税されません。

　なお、受託者の変更があった場合でも、その実質を鑑み、不動産取得税は課税されないことになっています。

③ 信託終了時

　信託が終了した場合、受託者から残余財産受益者又は帰属権利者へ所有権が移転します。それに伴い、不動産を取得した残余財産受益者又は帰属権利者に対しては、原則として4%の不動産取得税が課税されます。

④ 特例的な取扱い

　以下のような信託については、実質的な所有者が委託者から変更されていないと考えられるため、その終了時の不動産の取得に対して不動産取得税は課税されないことになっています。

　(a) 信託の効力発生時から信託期間を通じて委託者のみが元本受益者であること

　(b) (a)の受益者が信託の効力発生時から信託期間を通じて委託者であること

　(c) 信託終了時に(a)の受益者に所有権を移転すること

　なお、相続による不動産の取得については、不動産取得税は課税さ

1／家族信託の税務　205

れません。

　同様に、信託の効力発生時から信託期間を通じて委託者のみが元本受益者である信託で、その信託終了時に、信託の効力発生時における委託者から相続により所有権を取得する受益者については、不動産取得税は課税されません。

（藤原　由親）

# 2 信託税制による「カベ」の具体例

## 1 他益信託

**Q1**

　私、松本牧夫は現在、80歳の男性です。賃貸アパートを1棟所有していますが、最近、物忘れがひどくなってきたように思います。そこで、賃貸アパートを長男の貴英（54歳）に信託し、管理を任せようと考えています。そして、先々のことも考えて、賃貸アパートの家賃は、今から妻の愛子（77歳）の収入にしておこうと思っています。信託を活用すれば実現可能だと聞いたのですが、このような信託に問題点はありますか？

　**A** 信託設定時に、愛子さんに多額の贈与税がかかる可能性があります。

**解　説**

　受益者等課税信託においては、形式的な所有者である受託者ではなく、実質的な所有者である受益者に着目し、受益者が信託財産に属する資産及び負債を所有するものとみなして課税関係が整理されています。したがって、信託の効力発生時に、もともとの信託財産の所有者である委託者から、受益者に対して受益権の贈与がされたものとみなされます。

　ご相談のケースは、賃貸アパートを信託財産とし、委託者を牧夫さん、受託者を貴英さん、受益者を愛子さんとする家族信託となります。そうすると、信託設定時に牧夫さんから愛子さんに賃貸アパート

2／信託税制による「カベ」の具体例　207

■ 図表5−2−1 他益信託

についての受益権が贈与されたとみなされてしまいます。受益権の評価額は、信託財産の価額によって評価されるため、賃貸アパートの評価額が大きければ、愛子さんに多額の贈与税が発生する可能性があります。

実務上は贈与税の負担が大きくなりすぎるため、信託の組成を断念せざるを得ないことがほとんどです。このような、信託の効力発生時の委託者と受益者が同一者でない「他益信託」の組成は、信託税制が信託法に制約をかける典型的な例といえるでしょう。したがって、家族信託の場面においては、委託者と受益者が同一である「自益信託」の状態から信託をスタートせざるを得ないケースが多くなります。

## 2 裁量信託

**Q2**

私、井上さとは現在、85歳の女性です。主人に先立たれ、障がいのある長男・義之（56歳）と2人で暮らしていましたが、この度、病気療養のため長期入院することになりました。この際、生活費として1,000万円を長男に渡しておこうと思います。ただ、長男はお金の管理ができないため、生活に必要な分だけを長女の由紀（53歳）の裁量で渡してもらおうと考えています。信託を活用すれば実現可能だと聞いたのですが、このような信託に問題点はありますか？

**A** 信託設定時に、長男であるＡさんに 1,000 万円に対する贈与税が一時に課税される可能性があります。

**解説**

　ご相談のケースは、1,000 万円を信託財産とし、委託者をさとさん、受託者を由紀さん、受益者を義之さんとする家族信託となります。

　信託財産である 1,000 万円は、生活に必要な分だけその都度由紀さんから渡されるため、義之さんは一時に 1,000 万円を受け取るわけではありません。しかし、税法上は信託設定時において、義之さんに 1,000 万円が一括で贈与されたものとみなして贈与税が課税される可能性があります。

　渡された都度の金額が贈与税の対象となるわけではありませんので注意が必要です。また、義之さんがその都度受け取るお金は生活費であるため、贈与税の非課税財産とも考えられます。扶養義務者相互間において、生活費又は教育費に充てるためにした贈与により取得した財産のうち、通常必要と認められるものは贈与税の非課税財産とされているためです。

　しかし、ご相談のケースのように信託を設定した場合には、あくまで信託の設定時に、一時に 1,000 万円を贈与したものとみなされるため、贈与税の非課税財産と認められない可能性が高いでしょう。

　ご相談のケースでは、受益者を義之さんではなくさとさんとし、さとさんが給付を受けた金銭から、義之さんに生活費をその都度渡していくような信託設計が考えられます。

2／信託税制による「カベ」の具体例　209

■ 図表5－2－2　裁量信託

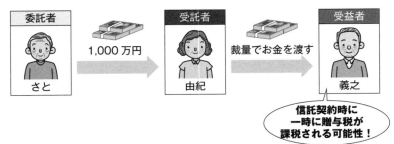

## 3　みなし受益者

**Q3**
　私、木村泰治は現在、90歳の男性です。先日、認知症の疑いがあると診断されました。そこで、私の世話をしてくれている長女の美幸（66歳）にお金の管理を任せ、認知症になってしまった後に備えたいと考えています。そして、私が亡くなった時に残ったお金があれば、そのお金を長女に渡したいと思います。信託を活用すれば実現可能だと聞いたのですが、このような信託に問題点はありますか？

**A**　美幸さんが受益者とみなされ、信託設定時に贈与税が課税される可能性があります。

解　説

　ご相談のケースは、泰治さんの金銭を信託財産とし、委託者を泰治さん、受託者を美幸さん、受益者を泰治さんとする家族信託となります。
　そして、信託終了時の帰属権利者は美幸さんです。いわゆる「自益信託」であるため、信託設定時に受益者である泰治さんに課税される

ことはありません。

　しかし、このような信託については、美幸さんがみなし受益者と認定され、信託設定時に美幸さんに対して贈与税が課税される可能性があります。みなし受益者とは、信託の変更をする権限を現に有し、かつ、信託財産の給付を受けることとされている者をいいます。そして、信託法において受託者には信託を変更する権限が与えられています。

　今回のケースでは、美幸さんは受託者であり、かつ、帰属権利者です。したがって、信託を変更する権限を現に有し、かつ、信託財産の給付を受けることとなる者、すなわち、みなし受益者と認定される可能性があるわけです。美幸さんがみなし受益者と認定されると、ご相談のケースように自益信託として組成したにもかかわらず、受益者以外の者がみなし受益者と判定され、思わぬ形で贈与税が課税されてしまうことが考えられます。

　したがって、課税上の疑いが生じないように信託契約の組成段階において対応しておく必要があります。例えば、みなし受益者の要件からは、信託の目的に反しないことが明らかである場合に限り信託の変更をすることができる権限、すなわち軽微な変更をする権限のみを有している場合は除かれています。

　そこで、受託者の信託の変更権限については、信託目的に反しないことが明らかな場合に限定して与えておく等の対応が考えられます。

■ 図表５－２－３　みなし受益者

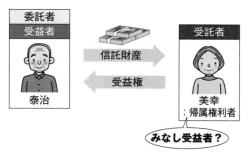

# 4 受益者が複数の信託

**Q4**

　私、林仙蔵は現在、85歳の男性です。妻・靖子は80歳です。お互いに支えあって何とか自宅で生活してきましたが、年齢には勝てず、いよいよそれが困難となってきました。そこで、この度、夫婦で同じ有料老人ホームに入所することになりました。月々の施設代はお互い同額ですが、当面の資金として私が800万円、妻が200万円を出し合い、その支払いに充てようと思っています。そして、そのお金の管理については長男の昭夫（58歳）に任せる予定です。信託を活用すれば実現可能だと聞いたのですが、このような信託に問題点はありますか？

　A　靖子さんに受益権の移転があったものとして、贈与税の課税対象となります。

解　説

　ご相談のケースは、仙蔵さんと靖子さんの金銭を信託財産とし、委託者を仙蔵さんと靖子さん、受託者を昭夫さん、受益者を仙蔵さんと靖子さんとする家族信託となります。このような受益者が複数の信託の場合、受益者間で贈与の問題が生じないようにするため、信託した財産の割合に応じて受益権を割り当てる必要があります。

　今回のケースでは、信託した財産の割合は仙蔵さん80％、靖子さん20％です。しかし、受益権の割合はそれぞれ50％と考えられます。したがって、50％－20％＝30％部分、すなわち300万円相当の受益権が靖子さんに移転したものとして、贈与税の課税対象となります。

　このような課税を避けるためには、受益権の割合も信託財産の割合と同じく仙蔵さん80％、靖子さん20％とした上で、仙蔵さんに支給された金銭から、贈与税が非課税となる扶養義務の範囲内で、靖子

212　第5章／家族信託の税務

■ 図表 5 − 2 − 4　受益者が複数の信託

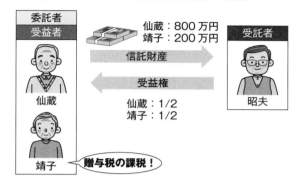

さんに施設代を支給するような信託設計が考えられます。

## 5　受益者のいない信託（まだ生まれていない孫を受益者とする場合）

> **Q5**
> 　私、斎藤誠二は75歳のオーナー社長です。この度、長男の伸一（40歳）を次期社長に指名し、事業承継を進めていくことになりました。その一環として、私の所有する自社株の一部を、将来生まれてくる長男の子に渡せるようにしておきたいと考えています。そこで、自社株を信託財産とし、委託者を私、受託者を長男、受益者を将来生まれてくる孫とする家族信託を検討しています。このような信託に問題点はありますか？

　A　受益者のいない信託として、法人課税信託に該当します。

解　説

　ご相談のケースでは、信託設定時に受益者がまだ生まれていないため、受益者が存しない信託として法人課税信託に該当します。

■ 図表５−２−５　受益者のいない信託（1）

　法人課税信託に該当すると、受託者である伸一さんは税法上、法人とみなされます。そして、自社株の時価相当額の受贈益が計上され、その受贈益に対して法人税が課税されます。また、委託者である誠二さんは法人に対して自社株を譲渡したとみなされ、その譲渡所得に対して所得税が課税されます。

　さらに、今回のケースでは、将来の受益者であるお孫さんは誠二さんの親族であるため、いったん法人とみなされた伸一さんは、今度は個人とみなされ、自社株の時価相当額に対して贈与税が課税されます。そして、先に伸一さんに対して課税された法人税は、その贈与税から控除されます。

　このように、法人課税信託に該当すると、課税体系がきわめて複雑となり、当事者の税負担も多額となることが想定されます。したがって、実務上は法人課税信託に該当しないように家族信託を組成するという対応になります。

　ご相談のケースでは、お孫さんの出生後に改めて信託の組成を検討することが望ましいでしょう。

## 6　受益者のいない信託（ペットを受益者とする場合）

**Q6**
　私、清水彩（72歳）は主人に先立たれ、現在一人暮らしをしています。一人娘の寛子（42歳）は結婚し、安定した生活を営んでいるため、特に心配はありません。唯一の心配は、かわいがっているネコのチャッピーのことです。私が元気なうちは私が世話をすることができますが、私が認知症になってしまった時や、亡くなった後のことが気がかりです。そこで、将来にわたってこの子の世話をしてもらえるよう、私のお金を信託財産とし、委託者を私、受託者を娘、受益者をチャッピーとした信託を検討しています。このような信託に問題点はありますか？

**A**　受益者のいない信託として、法人課税信託に該当します。

### 解　説

　ペットは法律上、動産として取り扱われます。したがって、信託法における受益者になることができません。
　ペットを受益者に指定した信託は、受益者のいない信託となります。受益者のいない信託は、信託税制上の法人課税信託に該当し、前

■ 図表５－２－６　受益者のいない信託（2）

述のように課税体系がきわめて複雑となります。したがって、実務上は法人課税信託に該当しないように家族信託を組成するという対応になります。

　ご相談のケースでは、チャッピーと金銭を信託財産とし、寛子さんを受託者としてお世話をお願いするとともに、彩さんを受益者とするような信託の検討が必要でしょう。

（藤原　由親）

## 第6章

# コンプライアンス

# 1 コンプライアンスとは何か

「コンプライアンス」は「関係法令や内部規程の遵守」のことだけではなく、「マナー」「常識」「事業者としての理念」も含む概念だと考えられています。

家族信託や生保信託等を含む相続関係のビジネスで気を付けるべきコンプライアンスには、2つの側面があります。

1つは、相続ビジネスの業界には、士業、不動産業、保険・金融取引業、遺品整理・鑑定、葬儀、墓じまい等の幅広い業種の事業者が続々と参入してきており、こうした業者間が連携する中で守るべきコンプライアンスという側面です。

もう1つは、顧客が60代以上の高齢者であることが多く、相続コンサルタント側との世代の違いがあったり、理解力が追い付かなかったりして、あとから顧客に「こんなはずではなかった」と言われて法的トラブルに発展しかねないという側面です。

相続ビジネスでは、「モノ」ではなく「サービス」が商品であるため、そのサービスの主体となる相続コンサルタントがどのような人物であるかという「評判」が大切です。

顧客や業者仲間とのトラブルを起こして悪い評判が立つと、SNSなどを介して爆発的に情報が拡散されてしまう可能性もあり、命取りになりかねません。

コンプライアンス対策は大企業だけが気にすべきことではなく、個人事業や中小零細企業であっても、ビジネスをうまくいかせるための重要な概念となっています。

（木野　綾子）

# Column

## あなたのコンプラ意識は大丈夫？

相続コンサルタントの業務を行う上で大切なことの1つが、コンプライアンスです。

「業際」はもちろんのこと、個人情報にも触れる機会が多いと思いますが、皆さんは個人情報の管理はどうしていますか？　筆者は必ず、初回面談時に「個人情報取扱いに関する同意書」をいただきます。

その上で、保険契約も同じだと思いますが、たとえご家族でも相談内容の開示はしません。意外と終活・相続業界は士業でもコンプライアンスや個人情報の取扱いが雑な方が多い印象です。

「自分の身は自分で守る」ではありませんが、相談時の帳票類などもきちんとそろえておくと安心です。

- ☑ 個人情報取扱いの同意書
- ☑ 反社会的勢力に対する基本方針
- ☑ 相談内容確認書（備忘録）
- ☑ 業務受付表
- ☑ 業務依頼書
- ☑ 預かり証
- ☑ 報酬表

帳票としてはこのあたりを揃えておくことをお勧めします。

**「コンプライアンスは法令遵守、必ず守ろう」**

（一橋　香織）

業者間が連携する上で
守るべきコンプライアンス

 士業の独占業務との関係（業際問題）

　相続コンサルタントの悩みや業務相談の中には、いわゆる「業際問題」が多く含まれています。
　相続コンサルタントの中でも、士業にはそれぞれ独占業務があり、資格を持たない者がその領域に踏み込んだサービスをすることは法律で禁じられています。
　相続コンサルタントとしては、コンプライアンス上、特にこの点に気を付ける必要があります。
　以下に、主な士業の独占業務を解説します。

## (1) 弁 護 士

> ●弁護士法72条
> 　弁護士又は弁護士法人でない者は、報酬を得る目的で訴訟事件、非訟事件及び審査請求、再調査の請求、再審査請求等行政庁に対する不服申立事件その他一般の法律事件に関して鑑定、代理、仲裁若しくは和解その他の法律事務を取り扱い、又はこれらの周旋をすることを業とすることができない。ただし、この法律又は他の法律に別段の定めがある場合は、この限りでない。

　分かりやすくいうと、「法律事件」性（法的な争い）のある「法律事務」については、弁護士や弁護士法人でなければ原則としてビジネスとして取り扱うことはできないということです。
　たとえ今は争いが表面化していなくても、「交渉において解決しな

ければならない法的紛議が生じることがほぼ不可避である案件に関するもの」は、ここでいう「法律事務」に含まれるとされています（最高裁平成 22 年 7 月 20 日判決参照）。

それらを弁護士以外の相続コンサルタントが行うことは、いわゆる「非弁行為」と呼ばれます。

弁護士以外の相続コンサルタントとしては、法的な争いが生じているか、あるいは生じる可能性の高い事項については取り扱わないことが無難でしょう。

なお、弁護士は法律事件性のある法律事務だけでなく、法律事務全般を業務として行うことができます。いわばオールマイティーな法律の資格として、以下で解説するような各士業の独占業務についても、業務として行うことが可能です。

ただし、業務として行うことができることと専門性があることは別の問題です。例えば、弁護士は相続税申告等の税理士業務も行うことができますが、一般的に税理士よりも相続税申告の実務に精通した弁護士は少ないでしょう。司法書士が行う登記業務等も同様のことがいえます。

したがって、相続コンサルタントとしては、業際問題に触れないように細心の注意を払いつつ、各士業の実務上の専門分野が何であるのかについても理解しておくことが重要です。

## (2) 税 理 士

---

**●税理士法 52 条**

税理士又は税理士法人でない者は、この法律に別段の定めがある場合を除くほか、税理士業務を行ってはならない。

　＜参　照＞（税理士法 2 条 1 項各号の税理士業務の要旨）

　一　税務代理（税務官公署への申告等の代理行為）

　二　税務書類の作成

　三　税務相談

---

税務代理とは、わかりやすくいうと税務署とのやり取りを納税者に代わって行うことです。また、税務書類の作成とは相続税の申告書や各種の申請書等の作成を行うことであり、税務相談とは税金に対する個別具体的な質問に答えることをいいます。

これらの税務に関する業務は、原則として税理士以外が行うことはできません。中でも相続コンサルタントとして問題となりやすいのは「税務相談」でしょう。税理士でない相続コンサルタントが顧客の相続税額を試算することや、特例の適用の有無について判断することは、独占業務違反となります。

なお、一般的な税法の解説や、税法セミナーなどにおいて仮定の事例に基づいて税額計算等を行うことは税務相談には該当しません。したがって、税理士でない相続コンサルタントも行うことができます。

## (3) 司法書士

> ●司法書士法 73 条 1 項
> 　司法書士会に入会している司法書士又は司法書士法人でない者（協会を除く。）は、第 3 条第 1 項第 1 号から第 5 号までに規定する業務を行ってはならない。ただし、他の法律に別段の定めがある場合は、この限りでない。
> 　　＜参　照＞（司法書士法 3 条 1 項 1 号から 5 号までの要旨）
> 　　一　登記又は供託に関する手続の代理行為
> 　　二　法務局に提出する書類やデータの作成
> 　　三　登記又は供託に関する審査請求の手続の代理行為
> 　　四　裁判所、検察庁又は筆界特定手続のために法務局に提出する書類やデータの作成
> 　　五　上記各号の事務について相談に応じる行為

司法書士や司法書士法人でない限り、登記手続き（表示に関する登記を除く）の代理をすることや、その相談に乗ることは原則としてできません。有償の場合はもちろん、無償の場合にも同様ですので注意

222　第 6 章／コンプライアンス

が必要です。

「登記」には不動産の登記や法人の商業登記をはじめ、さまざまなものがありますが、相続コンサルタントとして関わることになる登記は、不動産の名義を被相続人から相続人等に変更するための登記、いわゆる相続登記がほとんどでしょう。

ただし、家族信託において不動産を信託財産とする場合、不動産の名義人を委託者から受託者に変更する所有権移転登記や、その不動産が信託財産であることを明示するための信託登記が必要となります。

それらの登記についても、原則として司法書士の独占業務となります。

## (4) 行政書士

---

### ●行政書士法 19 条

行政書士又は行政書士法人でない者は、業として第1条の2に規定する業務を行うことができない。ただし、他の法律に別段の定めがある場合及び定型的かつ容易に行えるものとして総務省令で定める手続について、当該手続に関し相当の経験又は能力を有する者として総務省令で定める者が電磁的記録を作成する場合は、この限りでない。

　　＜参　照＞（行政書士法1条の2第1項の要旨）

　　① 官公署に提出する書類やデータの作成

　　② 権利義務又は事実証明に関する書類や図面の作成

---

官公署とは、国や地方公共団体の諸機関の事務所を意味し、各省庁、都道府県庁、市役所、区役所、警察署などが該当します。

また、権利義務に関する書類とは、権利の発生や変更、消滅の効果を生じさせる意思表示を内容とする書類をいいます。相続コンサルタントが関わるものとしては、遺産分割協議書や贈与契約書、売買契約書、賃貸借契約書等があります。

事実証明に関する書類とは、実生活において交渉が必要な事項について、その事項を証明するに足りる書類をいいます。相続コンサル

2／業者間が連携する上で守るべきコンプライアンス　223

タントが関わるものとしては、相続関係説明図、財産目録等があります。

　行政書士や行政書士法人でない限り、契約書や各種申請書などの作成代行を有償で行うことは原則としてできません。

　なお、事実証明に関する書類に該当するかどうかを争点とした最高裁判決において、個人の鑑賞用や記念品として作成された家系図は、事実証明に関する書類に該当しないとされています。

　ただし、その線引きが明確とはいえないため、相続コンサルタントが積極的に作成することは控えた方がよいでしょう。

## 2 士業との提携に伴う紹介料の関係

　上記❶の各士業の中でも税理士と行政書士は、仕事の紹介を受けたときの紹介料のやり取りについて特に規制はありませんが、弁護士と司法書士は、各業法等によって紹介料のやり取りが禁じられています（弁護士法72条、弁護士職務基本規程13条、司法書士法23条、司法書士法施行規則26条、司法書士倫理13条）。

　では、「紹介料」や「謝礼金」というあからさまな形ではなく、別の名目にすればよいのでは？　と考える人もいますが、上記各業法等に違反するかどうかは、名目ではなく実質的に判定されます。

　例えば、事件を紹介してもらったお礼をする目的で、士業が契約書や領収書に「登録料」「広告掲載料」「コンサル料」などの別の名称を記載して金銭を支払ったりしても、違反になり得るのです。

　具体例を挙げると、不動産会社が「うちの会社のホームページに提携士業として△△先生の広告を載せる対価」という名目で「新規紹介案件1件当たり〇万円」をもらう行為は、上記各業法等に違反する可能性が高いといえます。

　要は「どのような目的でその利益がやり取りされたのか」という観点から判断されるということになります。

　特に弁護士については、弁護士や弁護士法人でない者が弁護士と提

224　第6章／コンプライアンス

携し、依頼者などを紹介して紹介料をもらうことをビジネスとする行為は「非弁提携」と呼ばれています。

　弁護士は、営業活動を苦手とする人が多い一方で、いざ受任すると依頼者から受け取る報酬が高額となるケースもあるので、これに目を付けて、あの手この手で弁護士に非弁提携を持ちかける業者が後を絶ちません。中には、弁護士の事務所に事務局長等の人員を送り込むなどして、その弁護士を事実上支配下に置いて名義を借り、利益を吸い上げるような悪質な非弁提携業者も存在します。

　違反した非弁提携業者も罰せられることがありますので、相続コンサルタントが他士業との業務提携によって相続のワンストップ・サービスを行う際には、こうした紹介料のやり取りが禁じられている士業かどうかを確認する必要があります。もちろん士業側も刑罰や懲戒処分の対象行為になりますので「甘い誘惑」「安易な考え」には十分注意しなければなりません。

（木野　綾子／藤原　由親）

# 3 家族信託の組成と連携すべき士業

## 1 士業との連携の必要性

　相続コンサルタントの顧客が家族信託を組成するに当たっては、士業との連携が不可欠となります。なぜなら、信託契約書の作成をはじめ、家族信託の組成には高度な法律知識が必要とされるからです。では、実際にどの士業と連携すればよいのでしょうか。

　各士業には専門分野があり、その士業の独占業務とされているものもあります。これは、家族信託の組成のために必要となる手続きの内容によって、連携すべき士業も変わることを意味します。したがって、相続コンサルタントは家族信託の組成手続きを理解するとともに、その手続きを専門とする士業はどの士業なのかを知っておく必要があります。以下に家族信託を組成するための主な手続きと、それを専門とする士業について解説します。

## 2 信託契約書の作成

　家族信託は、一般的には信託契約を結ぶ方法によって行われます。その場合の主な手続きは、信託契約書の作成になります。信託契約書は私文書（公的な立場にない個人又は法人が法律行為について作成した文書）でも作成可能です。しかし、実務上は公正証書で作成することが多いでしょう。公正証書とは、個人又は法人からの嘱託により、公証人がその権限に基づいて作成する公文書のことです。公文書で作成することにより、法律的な有効性についての争いを避けることができます。

また、金融機関で信託用の口座（「信託口口座」という）を開設する場合には、公正証書による信託契約書が求められることが一般的です。公正証書による信託契約書の作成手順は、以下のとおりです。

## (1)　文案の作成

　依頼者と面談を行い、その意向を確認します。そして、信託による解決が有効と考えられる場合は、それを実現するに当たって、適当な受託者がいるかなど、信託の実行に必要な登場人物の確認を行います。

　信託の実行が可能であれば、税務的に問題がないか、また、実際の運営に支障がないかなどを改めて検討し、依頼者の意向が適切に実現されるよう、文案を作成します。

## (2)　必要書類の収集

　信託契約書を作成するに当たっての必要書類を収集します。一般的には以下のような資料が必要となります。

・委託者の印鑑証明書、住民票、運転免許証等
　　➡委託者の本人確認のため
・受託者の印鑑証明書、住民票、運転免許証等
　　➡受託者の本人確認のため
・信託財産が不動産である場合は、その不動産の登記事項証明書
　　➡信託の対象となる不動産を特定するため
・信託する不動産の固定資産評価証明書又は固定資産税課税明細書
　　➡公証人の手数料や登録免許税の算定に必要となる不動産の評価額
　　　を確認するため
・金融資産の残高が分かる資料
　　➡公証人の手数料算定に必要となる金融資産の残高を確認するため
・不動産の登記済権利証又は登記識別情報
　　➡信託による所有権移転のため

3／家族信託の組成と連携すべき士業　227

## (3)　金融機関との打合せ

信託口口座の開設に当たり、開設金融機関において信託契約書の事前チェックが必要となります。チェックの結果に応じて信託契約書を修正します。

## (4)　公証人との打合せ

公証人の予定を確認の上、信託契約公正証書を作成する日時を予約します。事前に信託契約書の文案と必要書類を提出し、公証人のチェックを経て、文案が完成します。

## (5)　公正証書の作成

信託契約公正証書作成は、委託者と受託者が、公証人の立会いの下、公証役場にて行います。公証人による内容の最終確認のあと、両者が信託契約公正証書に署名し、実印にて押印します。最後に、公証人に手数料を現金で支払って当日の手続きは終了です。公証人の手数料については、信託の対象となった財産の評価額に応じて法律で定められています。

## 3 　信託の登記

不動産を信託財産とする場合、不動産の名義人を委託者から受託者に変更すると同時に、その不動産が信託財産であることを登記する必要があります。信託法上、信託財産と受託者の固有財産を分別して管理することが義務付けられているためです。なお、登記をしなかった場合には、その不動産が信託財産であることについて第三者に対抗することができません。

228　第6章／コンプライアンス

## 4 連携すべき士業

### (1) 信託契約書の作成

　信託契約書を作成しようとする場合、どの士業と連携すればよいのでしょうか。

　信託契約書を公正証書で作成するに当たっての士業の業務は、書類の作成業務ではなく書類作成についての相談業務です。なぜなら、信託契約公正証書を実際に作成するのは公証人だからです。士業の役割は信託契約書の作成に際して依頼者の意向を確認し、文案をまとめるなどのサポート業務になります。

　このような業務は、主に弁護士・司法書士・行政書士が行っています。弁護士は法律事務全般を行うことができるため、信託契約書の作成についての相談業務も当然に行うことができます。また、司法書士は、信託の登記に関する手続きについての相談業務として行うことができます。そして、行政書士は、権利義務に関する書類の作成についての相談業務として行うことができます。

　したがって、信託契約書の作成に当たっては、弁護士・司法書士・行政書士のいずれの士業でも連携が可能ということになります。ただし、その際に留意すべきポイントは、業務として行うことができることと専門性があることは別問題であるという点です。

　士業が作成をサポートした信託契約書でも、信託の実行に支障が生じるような内容であれば作成した意味がありません。実際に、信託の登記のための書類として使用できないケースや、信託口口座の開設のための書類として使用できないケースがあります。

　信託は自由な設計が可能である反面、士業によって、その専門性に差が生まれやすいといえます。したがって、信託契約書の作成に当たって連携する士業については、その業務における専門性が重要になります。

3／家族信託の組成と連携すべき士業　229

## (2) 信託契約書の税務チェック

　信託契約書を作成するに当たっては、その内容が税務的に問題ないかどうかの検証が必要になります。なぜなら、信託法上は問題がない信託契約であっても、いざそれを実行しようとすると多額の税負担が発生し、現実的には実行不可能となるケースや、税務体系が複雑になりすぎるあまり、実行を断念せざるを得ないケースがあるからです。

　このようなことを未然に防ぐためには、税理士と連携し、信託契約書の内容について事前に税務チェックを行うことが必要となります。詳しくは**第5章**「家族信託の税務」において解説します。

　なお、税理士は、信託契約書の作成に当たっての税務相談を業務として行うことはできますが、その他のサポート業務は本来の業務ではありません。

## (3) 信託の登記

　不動産を信託財産とする場合に必要となる信託の登記については、司法書士と連携することになります。

　信託の登記には、不動産の名義人を委託者から受託者に変更する所有権移転登記と、その不動産が信託財産であることを明示する信託登記の2つがあります。さらに、信託登記には信託の内容を記載した財産目録を添付することが必要になります。

　特に信託目録の作成については、より専門的な実務ノウハウが必要とされるため、信託の登記において司法書士と連携する場合も、その司法書士の専門性が重要になります。

# 5　家族信託の組成における相続コンサルタントの役割

　家族信託の組成においては、このようにさまざまな士業と連携することが必要となります。一方で、多くの依頼者は士業の専門分野や独

占業務についての知識がありません。そうすると、家族信託を利用したいと思っても、誰に何を相談したらよいか分からないという状況になることが容易に想定されます。

そこに、顧客と士業との間に立ち、コーディネーターとしての役割を果たす相続コンサルタントの価値が生まれることになります。

相続コンサルタントは、当然ながら士業の独占業務を行うことはできないため、顧客からの相談内容の整理や必要な手続きの案内、士業とのスケジュール調整や進捗管理などのサービスを行うことになります。

さらに、専門的な手続きが必要となる家族信託の組成について顧客に寄り添い、伴走することで、士業には提供できない価値を提供することができます。

その結果として顧客との信頼関係を築くことができれば、他の相続ビジネスにつながることも考えられるでしょう。

ただし、その前提として、相続コンサルタントには家族信託に関する一定程度の知識はもとより、士業の専門分野や独占業務についての知識も求められることになります。加えて、コンプライアンスを遵守するという倫理観も必要とされます。

なお、相続コンサルタントが士業との提携によって、ワンストップ・サービスを提供することは可能です。例えば、信託契約書の作成サポートを行政書士が、信託契約の内容についての税務チェックを税理士が、信託財産とした不動産についての信託の登記を司法書士がそれぞれ担当します。相続コンサルタントはコーディネーターとして顧客に伴走しながら全体の手続きの進捗を管理・調整し、顧客との窓口になります。

サービスの提供後にはそれぞれの士業・コンサルタントが自身の業務について個別に報酬額を算定し、顧客に対してそれらの報酬額を一括して請求することも問題ないと考えられます。

当然ながら、一括して受け取った報酬は、個々の士業・コンサルタントが算定した報酬額に応じて分配する必要があります。

3／家族信託の組成と連携すべき士業　231

このようなワンストップ・サービスは顧客・各士業・相続コンサルタントの三方よしとなる点で、士業との提携パターンとしては理想的といえます。家族信託の組成においても、今後、必要とされるケースが増えていくのではないでしょうか。

（藤原　由親）

# 顧客トラブル回避のために守るべきコンプライアンス

 相続関連業務の受任者としての義務

## (1) 委任契約

　相続コンサルティングなど、相続関係の業務は法的には「委任契約」に分類されることが多いといえます。

　委任契約は、委任者（顧客）が自分に代わって受任者（相続コンサルタント）に法律行為をやってもらうという契約です（民法643条）。法律行為だけでなく、おつかいなどの事実行為をお願いすることもできます（準委任契約）。

　報酬が発生するかどうかはその契約の内容次第ですが、注意すべき点は、委任者が考えていたとおりの結果が出せなくても、受任者は依頼事項を履行したことになるということです。その意味では雇用契約と似ています。

　これに対し、ゴールが明確に決まっていて、そのために一定水準の結果を出すことまでお願いするのであれば、建築工事などで用いられる請負契約（民法632条）が適しています。

　実務では「業務委託契約」などのタイトルで、委任契約をベースにして請負契約の要素も持つ契約が結ばれることが多いようです。

　委任契約における受任者は、委任者に「善良な管理者としての注意義務」（民法644条）を負っており、その依頼事項について世間で通常求められる程度の良識と注意をもって遂行するべき義務を負います。

　また、委任者から途中経過を尋ねられた時や、依頼事項を終えた時

には速やかに報告すべき義務（民法 645 条）があります。

## (2) 説明義務

およそ契約を結ぶに当たっては、その契約を締結すべきかどうかの判断に影響を及ぼすべき情報を、相手方に提供するべき義務、すなわち説明義務があるといわれています。

契約の対象となる取引の類型によっては、そのことが法律の条文に書かれている場合もありますが、書かれていない場合でも、信義誠実の原則といういわば常識的な考え方が根拠になります。

特に家族信託契約は、細かい点に気を配って作ろうとすればするほど、長文で複雑な内容になりがちです。契約当事者となる委託者・受託者その他の家族に十分噛み砕いて説明し、家族信託契約の内容をしっかり理解してもらうことが大切です。

## (3) 守秘義務

守秘義務とは、一定の職業に関する法律や個別の契約に基づいて、その職業や契約の遂行に伴って知り得た情報を他に漏洩してはならないという義務のことです。

特に相続問題は、通常なら誰もが他人に知られたくないと思うような、財産に関する話、戸籍上の情報、家族間の人間関係といったデリケートな情報を取り扱います。顧客の大切な情報を、関係者とのやり取りの中でうっかり漏らさないということはもちろん、セミナー等での事例発表、打合せの場所選び、メールの cc に入れる範囲などにも十分配慮しましょう。守秘義務を守らないと、仕事をする上での信用を失ってしまいますので、細心の注意が必要です。

法的には、上記(1)で述べた委任契約に基づく「善良な管理者としての注意義務」に守秘義務も含まれていると考えられますし、個人情報保護法では、個人情報（個人を特定できる事項）を扱うすべての事業者に、本人の同意や法令の根拠なく個人情報の漏洩が禁じられています。

234　第 6 章／コンプライアンス

また、契約上は明確に守秘義務が定められていなくても、プライバシー（個人情報よりも広い概念）の侵害が不法行為に当たり、損害賠償を求められる可能性もあります。

## 2　高齢者の判断力低下

### (1)　高齢者の判断力低下を利用した不当な契約

　相続業務の特徴の１つとして「高齢者の顧客が多い」という点は、すでに書いたとおりです。消費者契約法４条３項７号では、高齢者の判断力低下を利用した不当な契約は顧客側が「その契約を取り消すことができる」と定められています。

<高齢者の判断力低下を利用した不当な契約の要件>
① 　顧客が加齢又は心身の故障により判断力が著しく低下していること
② 　生計、健康その他の事項に関しその現在の生活の維持に過大な不安を抱いていること
③ 　業者側が①②を知っていること
④ 　業者側が顧客の不安をあおり、その契約を締結しなければ現状維持が困難となると告げること

### (2)　典型的な例

**例 1**

　リフォーム業者が高齢者に対して、
**「将来、歩けなくなったり寝たきりになったりしたら大変だから、自宅を全面的にバリアフリーに改装した方がよい」**
と説明して不安をあおり、高額の住宅リフォーム契約を結んだ。

4／顧客トラブル回避のために守るべきコンプライアンス　235

### 例2

不動産業者が高齢者に対して

**「この先、年金だけに頼っていては生活できなくなる。投資用不動産を持って定期収入が入るようにしないと、今の生活水準は維持できない。」**

と説明して不安をあおり、マンションの売買契約を結んだ。

## (3) 高齢の顧客との契約時に気を付けるべきこと

もちろん、われわれ相続コンサルタントがわざと高齢者の判断力低下を利用して不当な契約を結ぼうとするようなことはないわけですが、認知症とまではいかなくても、高齢者は若い世代よりも不安を強く感じやすかったり、理解力や判断力が低下していたりします。

そのため、高齢の顧客と契約するときには、

・ご家族に立ち会ってもらう

・現状に不安を感じさせたりしないように配慮する

・専門用語を分かりやすい言葉に言い換える

・大きな声でゆっくり話す

・あとで読み返すことができるように要点を紙に書いて渡す

などの工夫が必要です。

## (4) 主役は誰か

相続関連業務では、子が親の相続対策について専門家に相談するということもよく見られます。一見、親思いの行為ではありますが、よく考えるとその相続対策で結果的に財産を取得して利益を得るのは相談者自身である、というパターンが多いものです。

相続コンサルタントとしては、あくまで相続対策の主役は被相続人となる方であって、その意向に沿った対策をすることが使命であることを肝に銘じましょう。

安易に相談者に肩入れした対策を意図して被相続人の真意に沿わない提案を押し通そうとすると、後々、相談者以外の相続人とのトラブ

236 第6章／コンプライアンス

ルに巻き込まれかねません。

 **契約書の作成**

### (1) 契約書の重要性

　家族信託を含む相続コンサルティング契約や他業種との業務提携契約など、何か取決めをする場合には、口約束ではなく必ず契約書を交わしておくべきです。相続関係の業務は内容が複雑で1件につき数か月かかるような場合も少なくありませんが、いざ不明点や問題点が出てきた時に解決の拠り所となるのは契約書です。

　一度、自分の業務に合わせたひな型を何パターンか作っておき、あとはケースバイケースで修正を加えていくとよいでしょう。

　また、顧客が高齢であったり、専業主婦であったり、仕事を引退していたりして、普段は契約書など見たことがないような方々も多いため、顧客の理解度に合わせて契約書の内容を口頭で十分説明しておくことも大切です。

### (2) 業務範囲の明確化

　契約書の中でも必須なのは、業務範囲を明確に定めることです。相続関係の業務は、当初予想しなかったような煩雑なことを次々に頼まれることがよくあります。話の流れで、つい業務範囲外のことまで引き受けてしまいがちですが、限られたマンパワーを適正に配分するためにも「それは業務に含まれるけれど、これは含まれないから別料金を取る」など、線引きを明確に定めておきましょう。

### (3) 報酬の取決め

　報酬に関するトラブルを防ぐために、誰がみても具体的な金額が分かるよう、契約書に固定金額や算定式を明確に定めておきましょう。

## ⑷　その他の取決め

　上記以外にも、次のような事項を契約書で定めておくことをお勧めします。
- ・実費の負担者と支払時期
- ・途中解約することができる事由
- ・途中解約した場合の精算方法
- ・他人への再委託の可否
- ・出張が生じた場合の日当

　なお、契約書に明記されていない事項については民法などの法律が適用されることになります。

## ⑸　業務途中で変更が生じた場合

　業務の途中で何らかの変更が生じた場合、その都度「覚書」や「確認書」などを取り交わしておいてください。

　メールやチャットのやり取りも、追加変更やクレームなど重要な話題の時には、後で履歴をたどれるよう保存しておきましょう。

# 4　カスタマーハラスメントから身を守るには

## ⑴　カスタマーハラスメントとは

　最近、カスタマーハラスメントの話をよく耳にします。顧客からのクレームには、業務改善のきっかけとなるような正当なものがある一方で、不当な言いがかりというほかない悪質なものもあります。

　後者の不当・悪質なクレームはカスタマーハラスメントと呼ばれており、こうしたクレームから自分や従業員を守ることもコンプライアンスの一環です。

　カスタマーハラスメントによる悪影響として、まずは自分や会社の生産性の低下・安全配慮義務違反・従業員の離職が挙げられます。ま

238　第6章／コンプライアンス

た、部下や従業員にとっては、仕事への意欲や自信の喪失・パフォーマンスの低下・心身の不調・休職や退職といったものが挙げられます。

## (2)　カスタマーハラスメントの8類型

カスタマーハラスメントか正当なクレームかの見分け方は難しいのですが、以下のようなパターンのいずれかに当てはまる場合にはカスタマーハラスメントだと考えられます（厚生労働省「カスタマーハラスメント対策企業マニュアル」参照）。

①　時間拘束型……長時間の面談又は電話対応を強いる。
②　暴言型……怒鳴る、侮辱的又は人格否定的な発言をする。
③　権威型……権威を示して要求を通すことや特別扱いを強いる。
④　セクハラ型……従業員の身体に触る、つきまとう、性的発言をする。
⑤　リピート型……理不尽な要望を繰り返す。
⑥　暴力・威嚇・脅迫型……従業員を怖がらせるような行為をする（モノを叩いたり蹴ったりする、投げようとするなど）。
⑦　事業所外拘束型……顧客の自宅や特定の場所に呼びつける。
⑧　SNS上での誹謗中傷型……SNSで会社や従業員の名誉や信用を傷つける内容を投稿する。個人のプライバシーを侵害する情報を投稿する。

## (3)　原　　因

カスタマーハラスメントの原因としては、われわれ相続コンサルタント側の要因もあります。例えば、顧客への情報提供不足・サービスが不適切であることや、言葉遣い等のコミュニケーション方法が不適切であるなどです。

一方、顧客側の要因としては、権利意識や正義感が強すぎる、ストレス発散、自己顕示欲、金銭目的、逆恨み、精神的な問題（病気・障がい）を抱えているなどが考えられます。

## (4) 対応方法

通常のクレームの範疇であるうちは、

① 不快な思いを与えたことを謝罪する

② 苦情を伝えていただいたことへの感謝を伝える

③ クレーム内容を把握・調査する（事実確認・要望の把握）

④ 解決に向けた提案をする

といった対応をし、上記(2)の８類型のようなカスタマーハラスメントの兆候が出てきてからは、

⑤ 必ず複数人で対応し、１人だけで抱え込まない

⑥ 顧客とのやり取りを記録化（メモ・録音）する

⑦ 要望への拒否や、やめてほしいという意思を明確に伝える

⑧ エスカレートする場合には、警察や弁護士に相談して警告してもらう

といった対応が必要になってきます。

## ◗ おわりに

コンプライアンス違反を問われないようにするためにも、日ごろから困った時に気軽に相談できる専門家と繋がっておいたり、同業者からの情報に接する機会を持つようにしましょう。

（木野　綾子）

# Column

## 縁（エン）ディングノートの無限の力

　どんな相続対策も、結局は手段にすぎません。

　どんなに節税が成功しても、遺言を遺しても揉めるときは揉めます。家族のために一生懸命働いてきた結果、自分が遺した財産で家族が揉める……こんな悲しいことはないですね。

　筆者は18年前から「縁ディングノート」という名称でエンディングノートの普及をしていますが、家族がきちんとコミュニケーションが取れているご家庭は揉めにくいと感じています。

　いわゆる「エンディングノート」は終活のために書くというイメージが強いのですが、筆者が提唱する「縁ディングノート」は、

☑家族への連絡帳

☑自分の取扱説明書

☑自分史

☑思いを遺す

にフォーカスしています。

　自分とのご縁・家族とのご縁・大切な方とのご縁・ご先祖様とのご縁・地域社会や日本という国とのご縁を結びなおして、家族の絆を深めてこそ、相続対策は真に成功するのではないでしょうか？

　ぜひ、相続対策＋縁（エン）ディングノートをお勧めしてください。

　**相続対策＋縁（エン）ディングノート＝縁まん相続**

（一橋　香織）

# 著者略歴

## 一橋　香織（ひとつばし・かおり）

相続コンサルタント

上級縁ディングノートプランナー、縁ディングノートプランナー養成講師、家族信託コーディネーター、生前整理アドバイザー1級、AFP

笑顔相続コンサルティング株式会社　代表取締役

一般社団法人縁ディングノートプランニング協会®　代表理事

### ＜略　歴＞

これまで6,000件以上の相続相談の実績を持つ。

講演・メディア出演（テレビ朝日「たけしのTVタックル」TBSテレビ「Nスタ」「ビビット」テレビ東京「ソクラテスのため息」など）多数。

日本初のシステムダイアリー型『エンディングノート』監修。

### ＜著　書＞

『家族に迷惑をかけたくなければ相続の準備は今すぐしなさい』（PHP研究所）はアマゾン相続部門1位・丸善本店ビジネス部門で1位を獲得。

近著『終活・相続の便利帖』（日本法令）、『相続コンサルタントのためのはじめての遺言執行』（日本法令、共著）など多数。


## 木野　綾子（きの・あやこ）

弁護士

上級相続診断士、終活カウンセラー2級、家族信託専門士、社会保険労務士、NPO法人長寿安心会 副代表理事

### ＜略　歴＞

1971年生まれ。早稲田大学政治経済学部卒。13年間の裁判官生活を経た後、2010年に弁護士登録（第一東京）。2016年「法律事務所キノール東京」を開設し、現在に至る。専門分野は、相続、労働（使用者側）、不動産関係。

## ＜著　書＞

『相続コンサルタントのためのはじめての遺言執行』（日本法令、共著）、『家族間契約の知識と実践』（日本法令、共著）、『終活・相続コンサルタントが活躍するための実践手引書』（日本法令、共著）、『シニア六法』（KADOKAWA、共著）、『別れても相続人』（光文社、共著）など多数。


# 上木　拓郎（うえき・たくろう）

司法書士・行政書士
アンド・ワン司法書士法人　代表社員
アンド・ワン行政書士法人　代表社員

## ＜略　歴＞

一般社団法人縁ディングノートプランニング協会®　理事
1980 年栃木県生まれ、一橋大学社会学部卒業。高校時代、映画監督になることを目指すが、大学時代に街の法律家として一般市民の支援をしていきたいと思い、法律の道へ。2009 年司法書士試験に合格し、2010 年に独立開業。2012 年から、一般市民や金融機関、士業、相続コンサルタント向けに毎年相続や家族信託のセミナー・研修に従事。また、毎年 300 件以上、全国から寄せられる相続相談に対応中。YouTube チャンネル「相続デザイナー上木拓郎」で相続に関する知識・情報を随時発信。


# 藤原　由親（ふじわら・よしちか）

税理士
税理士法人アクセス　代表社員
一般社団法人アクセス相続センター　代表理事
一般社団法人高知相続あんしんセンター　代表理事
一般社団法人「親なきあと」相談室 関西ネットワーク　代表理事
日本ダウン症協会大阪支部　監事

## ＜略　歴＞

相続・事業承継専門の税理士

個人の相続税対策から社長の事業承継対策まで幅広い知識と経験を持ち、現在までの相続相談件数は 3,000 件を超える。

一般社団法人アクセス相続センターを開設し、弁護士・司法書士・行政書士・土地家屋調査士・保険業・不動産業等との連携を行うことで、税務対策のみならず、さまざまな相続案件に対応している。その経験を活かし、近年は士業の枠にとらわれない相続コンサルタントの養成にも精力的に取り組む。

また、自らの次女がダウン症であり、障がいのある子の「親なきあと」問題解決に向けて一般社団法人「親なきあと」相談室 関西ネットワークを設立。「親なきあと」セミナーの開催や個別相談を行っている。

# 細谷　洋貴（ほそや・ひろたか）

行政書士

行政書士法人アクセス　代表社員

一般社団法人アクセス相続センター　代表理事

一般社団法人「親なきあと」相談室 関西ネットワーク　サポーター

## ＜略　歴＞

相続・事業承継専門の行政書士

親族、知人の争族を経験して行政書士の資格を取得し、自らの体験から相続に関するサポートを専門に業務を行う。

予防法務の専門家である行政書士として、遺言・後見・信託を活用した生前対策を得意とし、毎年 100 件を超える提案と対策を行っている。

また、一般社団法人アクセス相続センターでは、相続コンサルタントの養成や各士業、その他の専門職との連携のためのセミナーで講師を行っている。

相続コンサルタントのための
はじめての家族信託  　　　令和7年4月1日　初版発行

〒 101-0032
東京都千代田区岩本町1丁目2番19号
https://www.horei.co.jp/

|検印省略|

|著　者|一木　香織子<br>橋野　綾拓郎<br>上木　拓由<br>藤原　由親<br>細谷　洋貴|
|---|---|
|発行者|青木　鉱太|
|編集者|岩倉　春光|
|印刷所|日本ハイコム|
|製本所|国宝社|

（営　業）　TEL　03-6858-6967　　Eメール　syuppan@horei.co.jp
（通　販）　TEL　03-6858-6966　　Eメール　book.order@horei.co.jp
（編　集）　FAX　03-6858-6957　　Eメール　tankoubon@horei.co.jp
（オンラインショップ）　https://www.horei.co.jp/iec/
（お詫びと訂正）　https://www.horei.co.jp/book/owabi.shtml
（書籍の追加情報）　https://www.horei.co.jp/book/osirasebook.shtml

※万一、本書の内容に誤記等が判明した場合には、上記「お詫びと訂正」に最新情報を掲載しております。ホームページに掲載されていない内容につきましては、FAXまたはEメールで編集までお問合せください。

・乱丁、落丁本は直接弊社出版部へお送りくださればお取替えいたします。
・JCOPY〈出版者著作権管理機構　委託出版物〉
本書の無断複製は著作権法上での例外を除き禁じられています。複製される場合は、そのつど事前に、出版者著作権管理機構（電話 03-5244-5088、FAX 03-5244-5089、e-mail: info@jcopy.or.jp）の許諾を得てください。また、本書を代行業者等の第三者に依頼してスキャンやデジタル化することは、たとえ個人や家庭内での利用であっても一切認められておりません。

© K. Hitotsubashi, A. Kino, T. Ueki, Y. Fujiwara, H. Hosoya 2025. Printed in JAPAN
ISBN 978-4-539-73093-5

# 書籍のご案内

## 改訂版 相続コンサルタントのための
# はじめての遺言執行

相続コンサルタント **一橋 香織**／弁護士 **木野 綾子【共著】**

A5判 280頁 定価2,090円（税込）

## 相続に携わるビジネスマン、必携！

### 一般社団法人相続診断協会 代表理事 小川 実 推薦！

□ 民法改正で明確になった「遺言執行者」の職務
□ 遺言執行者に指定してもらうための提案方法
□ 遺言執行業務の手順で「よくある質問」とは？
□ 遺言執行報酬の相場と契約のしかた
□ 遺言執行者が守るべきコンプライアンス
□ 会話で学ぶ！ はじめての遺言執行 業務日誌

### ●主要目次●

第1章 相続コンサルタントのための遺言執行者の基礎知識
第2章 遺言作成時に遺言執行者に指定してもらう提案方法
第3章 遺言執行業務の手順
第4章 他業種と相続コンサルタントの連携
第5章 相続コンサルタントが守るべきコンプライアンス
第6章 遺言執行者が巻き込まれがちなトラブル
第7章 死後事務委任契約の活用
　　　〜遺言執行業務の範囲外の事項への対応〜
第8章 新人相続コンサルタントミチオの遺言執行業務日誌
　　　〜実践・はじめての遺言執行〜

書籍のご注文は株式会社日本法令 出版課通信販売係または大型書店、Web書店まで
Tel：03-6858-6966　Fax：03-6858-6968

# 書籍のご案内

## 専門用語を使わない！
# 相続ワードの伝え方

全35の難解ワードの伝え方を解説！顧客の「？」を「！」に変えるワザ

一橋 香織【編】　笑顔相続サロン®メンバー【著】
Ａ５判　定価1,870円（税込）

相続に携わる実務家が、難解な法律・税務用語をいかにやさしく、わかりやすく顧客に説明すべきか？
全国35か所の相続診断士事務所・笑顔相続サロン®のメンバー30人が、そのポイントを解き明かす！

### CONTENTS

遺留分侵害額請求／遺言執行者／名義預金／配偶者居住権／相続放棄／代襲相続人／相続登記／小規模宅地等の特例／推定相続人・法定相続人／自筆証書遺言・公正証書遺言／筆界と境界／代償分割／みなし相続財産／物納／付言・付言事項／遺産分割協議／直系尊属・直系卑属／寄与分／遺留分放棄／法定相続分／検認／相続税の基礎控除／相続時精算課税制度／換価分割／普通養子・特別養子／準確定申告／共有分割／特別縁故者／特別受益／名寄帳／成年後見・民事信託・生命保険信託／公証人／遺贈／相続欠格・廃除／死因贈与

書籍のご注文は株式会社日本法令　出版課通信販売係または大型書店、Web書店まで
Tel：03-6858-6966　Fax：03-6858-6968

# 書籍のご案内

# 終活・相続の便利帖

**笑顔で相続を迎えるための生前対策が満載！**

一橋　香織【監修】
B5判　136頁　定価1,250円（税込）

## 終活を通じて、家族との絆を深めよう！

- ●「我が家はもめない」と思っている家族ほど、深刻な相続トラブルに！
- ●介護は誰にしてほしいか、葬儀で飾ってほしい花は？…など、家族が困らないように伝えておくべきことを"超"整理。
- ●書き込み式ノートで、家族への「申し送り事項」を残せる"連絡帖"。
- ●相続対策のマル秘テクニックを大公開！

一般社団法人
エンディングノートプランニング協会推薦
日本法令

終活を通じて、家族との絆を深めよう！

監修○一橋香織

## 終活・相続の便利帖

笑顔で相続を迎えるための生前対策が満載！

カリスマ相続コンサルタントが
**日本一やさしく教えます！**

### ＊主 要 目 次＊
- ■自分自身について
- ■年金・保険について
- ■口座引き落とし一覧
- ■不動産（土地・建物）
- ■有価証券
- ■相続人家系図
- ■延命措置や臓器提供
- ■遺言書について
- ■葬儀・お墓・納骨
- ■大切な人へ送るメッセージ　…etc.

相続対策マル秘テクニック
- ■生命保険を活用しよう
- ■不動産の相続
- ■覚えておきたい相続の流れ　…etc.

書籍のご注文は株式会社日本法令　出版課通信販売係または大型書店、Web書店まで
Tel：03-6858-6966　Fax：03-6858-6968